U0111732

大展好書　好書大展
品嘗好書　冠群可期

少林功夫⑧

少林看家拳

素　法
德　虔　編著

大展出版社有限公司

前　言

「少林看家拳」是嵩山少林拳術的優秀套路之一，具有樸實無華、剛健有力、緊湊敏捷、招法多變，利於健身自衛的特點，獨具一格，頗受武林師士喜愛。

相傳宋代時，少林寺武僧仍達兩千餘人，其中有些武僧想離寺還俗，方丈爲限制武僧還俗，便規定：凡武僧離寺者必打出十三門，否則，不許出山。

爲此，寺內武僧高手編了鎮守十三門卡的絕招，並逐漸形成了套路，皆稱其爲看家拳。

精通此拳者歷代皆有名師，如宋代的福居，元代的大智，明代的通詳，清代的湛德，民國年間的貞方，以及健在的還俗僧素法等都很有功夫。素法武師，早在 1936 年跟師父貞秋學到此拳，至今苦練五十餘年，甚精其技。爲發揚少林武術，多方傳藝、培養新秀，近年又把珍藏幾十年的拳譜和習武經驗整理成冊，獻給讀者。

本書於 1986 年 11 月由北京體育大學出版社出版，發行後深受讀者歡迎。爲滿足廣大武愛好者的要求，這次再版除詳述十三路看家拳的特點、功法和用法外，素法武師還將原拳譜每路的實用歌訣、實用技法及三十六抓法、對攻六字

訣等增編入書，給學練、實用、研究少林看家拳的技法，增添了新的內容。

　　本書在編寫過程中曾得到李錫剛先生的支持，在此表示感謝。

　　由於時間短促，水準有限，書中難免有不足之處，敬請海內武林師士批評指正。

編著者

目 錄

➤➤➤➤➤➤➤➤➤➤➤➤➤➤➤➤➤➤➤➤➤➤➤➤➤➤➤➤➤➤➤➤➤➤➤➤➤➤➤

6

第一章
少林看家拳指要

>>>>>>>>>>>>>>>>>>>>>>>>>>

第一節　少林看家拳拳法基礎

一、少林看家拳拳勢特點

1. 震　腳

震腳可使腳下生根，並使腳下有力，根基牢穩，堅如磐石。如此，不易被人制倒在地。

少林淳密法師曰：「丹田有氣，腳下有根。四面八方，任敵來侵。縱有神手，難動我身。我若一動，敵即不穩。」

2. 攬手勢多

技擊拿敵，重在用手。攬手勢，又名梅花手。其手法迷迷糊糊地使出去，即可擒敵也。

少林寂袍法師曰：「翻江攬海手，看家門戶守，敵欲來攻我，伸出攬海手，左右猛攪動，犯敵難逃走。」

3. 轉身搬攔勢多

該勢既練身法，又練技擊拿敵，是敗中取勝之法。

少林如靜法師曰：「縮身如鼠敗下方，發身如虎回頭

忙，踩住敵人使搬攔，敵人仰面跌當場，敗中取勝急妙迅，死中求活招法強。」

4. 打虎勢多

該勢可增強少林看家拳防護和攻擊的威力，是防攻結合的招法。

少林貞秋大師曰：「攻中有防，防中有攻，連攻帶防，防而必攻，撥開勢式，直沖當中，怯敵敗走，緊閉門封。」

5. 馬步勢多

馬步可以使兩腿練出相等的力量，可以避免老年偏癱等疾患，另外，兩臂同樣也可練出相等力量，避免出現一手有力而另一手無力的現象。有些人專練一手、一腿、一指、一腳的功夫，雖然有時也絕技驚人，但是，一到老年後期，很容易出現單重或單輕的疾病，所以練功，若得不到高師的指教，單靠拼命蠻幹，是很容易出現偏差的。

少林寂敬法師曰：「馬步單鞭功，手腳開四平。兩臂和兩腿，功力兩相等。少出單重病，手足應用靈。延年益壽，身健耳聰明。」

6. 連環腿多

該勢在技擊上是連環進攻的招法，踢腿時多用連踢，連貫不停，使敵方無還手之力，敗陣逃跑。所以看家拳在招法中很注重連環腿的用法。

少林貞方大法師曰：「連環踢腿如閃電，擊損敵人一溜煙，連環腿法敵難躲，用時方知有妙玄，跟師學習連環腿，嵩山少林得真傳。」

7. 展腕沖天炮多

看家拳對敵要狠，對來敵之手必須先斬斷其腕，使其失

8

去攻擊的力量，再迅速用錘沖擊敵方的緊關要道，使敵不能反攻。

少林名家馬希貢老師曰：「沖天炮打不留情，一毒二狠三要命，緊逼對方難還手，敗走脫逃一溜風。」

8. 舉鼎前穿手多

防守來敵攻擊，架敵手迅速擊穿敵胸肋。使其受傷敗陣。該勢是連防帶攻的招法。

少林名家徐敏武曰：「雙臂架敵開雲端，兩手穿進敵肋間，輕者擊敵向後退，重者筋傷骨折斷，看家開門第一招，敵人一見心膽寒。」

9. 二起腳、旋風腿多

二起腳、旋風腳是提高身體跳躍旋轉騰空打人的重要動作，敵從下攻來，可縱跳閃出；敵來高勢進攻，可以跳躍彈擊；敵來得快，我可轉身閃過。

著名武術家馬金標講：「二起旋風躍天邊，空中旋轉似飛燕，任他庭功千般硬，想沾我身難上難。」

10. 地下剪多

六路拳內大部分動作是地下的功夫，剪腿法很多，是用下盤夾剪敵腿部的敗中取勝招法。當上盤不得進手時便可佯裝敗倒樣，從下盤進攻，打敗對方。

著名武術家王子平講：「地下功法變化多，剪夾夾拌掃平坡，縱有深功也害怕，蹦縱跳躍無法躲。」

11. 姿勢大方舒展、出勢圓滿完整

看家拳的每個動作都要求出勢完整、有力，不出半個架勢，不潦草過關。手法要清楚，步步有力，擊守配合。

少林名家宋德聚、何秀奎講：「出掌如瓦壟；握拳如卷

餅，出拳似流星，睜眼如閃電；行走如刮風，站立如釘釘，腰動如蛇行，步法總輕靈；守者如處女，攻者似蛟龍。」

12. 手、步法清楚

每一步每一手的變化，都要清清楚楚。手法不清，到老無功，步法不清，到老不精。因此，手腳上下要協調一致，動作要靈活準確。

武林高手沙寶玉講：「武功行動任君走，全憑兩腳和兩手，武法精明手法清，走滿天下落心頭，無論高士和弱手，戰鬥千合得平手。」

二、少林看家拳基本功法

（一）手型及用法

1. 散　掌

即五指伸直，自然分開。散掌多以正立掌向前，揣擊或直打直推對方的要害部位，有時也以臥掌護身。

其特點是觸擊面大，宜發揮自己的威力，又宜抓住對方的衣著或器械。

2. 勾　手

即五指併攏，向內屈指成勾手。多用於向後甩擊或勾掛對方。

3. 拳

即四平拳，與其他少林拳術相同，但是法以打揣擊、沖擊、劈擊為主。

（二）足型及用法

1. 繃　腳
出腳後，腳面繃平，多用於前踢。

2. 撇　腳
腳向內撇。

3. 潑　腳
出腳後由外向內潑腳，多用於出腳後潑擊對方的下肢脛部。

4. 擺　腳
一腳立地為軸，另一腳向同側方向擺踢，同時向前出兩手拍擊擺腳的腳面外側。多用於踢擊對方時，解除敵方襲腳之危。

5. 二起腳
兩腳起跳，抬一腳向前彈踢，全身騰空，出同側手拍擊腳面，多用於跳步向前踢擊對方。

6. 旋風腳
兩腳起跳，抬一腳向異側方向旋彈，全身騰空，出異側手掌拍擊旋彈一腳的腳掌，使全身體轉 360 度。多用於被群敵圍困時，襲擊眾敵。

（三）步型及用法

1. 馬　步
兩腿屈膝半蹲，兩腳間距稍寬於肩，兩腳尖內扣，似騎馬勢。馬步用於站樁，對付頑敵或橫打，雙擊兩側來犯者。

2. 弓　步

兩腳前後著地，前腿屈膝，後腿蹬直，型似長弓。亦有橫弓步者。多用於站樁向前對付來犯之敵。

3. 併　步

兩腳併列站立。多用於上前迎敵，為增加力量而抬後腳、再向前上成併步，或由一側向另一側橫移成併步。

（四）腿　法

1. 前掃腿

以一腿屈膝全蹲為軸，兩手扶地，另一腿伸直仆地，由前向後掃一周。多用於掃擊面前之群敵。

2. 後掃腿

以一腿屈膝全蹲為軸，兩手扶地，另一腿伸直仆地，由後往前掃一周。多用於掃擊背後來犯之敵。

3. 踢　腿

用腿向前直踢，主要用於踢擊面前的敵人。

4. 彈　腿

用腿向左右側身彈踢。主要用於踢擊身體兩側的敵人。

5. 倒　踢

一腳立地，另一腳向後倒踢。主要用於踢擊後方來犯者。

三、少林看家拳練習步驟

看家拳同其他拳種一樣，必須先練好基本功。如手法、腿法、眼法、步法、身法等。

（一）第一階段：以練直踢、彈腿、跳步為主。時間以

每日早晨為宜。每天練 0.5～1 小時，約練 1 個月左右。

（二）第二階段：繼續練以上動作，再加練弓步、馬步、歇步、仆步、沖拳、推掌等。每日早上練 1.5 小時。

（三）第三階段：除繼續練前兩個階段的動作外，再加練二起腳、旋風腳、前、後掃腿等，還可練翻身、滾身、翻跳等。

每日早上練 2 小時左右，為增加耐力，在練以上基本功前，還應跑步 10～20 分鐘。

（四）第四階段：學習套路，每天除練基本功外，可學習 5～8 個動作。如果記憶力好，可以學 10～15 個動作。這樣一個星期就可以學完一路。然後再請一個武師指教，糾正不正確的姿勢。學會第一路之後，不要急於學習第二路，應繼續苦練 3～4 個月，待姿勢正確，動作熟練後，再學習第二路，直到學完十三路。

（五）第五階段：學完全部套路之後，再結合學習氣功，特別是硬氣功（如打砂袋、砍木人等）和輕氣功（如戴鐵瓦、吊沙袋等），以氣壯力，發勁揣打，蹬高跳遠。

（六）第六階段：綜合練習階段，即基本功、套路、氣功三者結合在一起練習。

1. 早上 5 點鐘起床，先練基本功，然後再練輕氣功，最後練套路。

2. 晚上 7、8 點以後，開始練硬氣功和樁功（如馬步樁和弓步樁）。

3. 其他時間，如星期天、業餘時間，宜學練新套路或練習套路中的薄弱環節。走在路上、坐在車上、可以練旋腕、甩手、晃肩、抖肘、推掌等。

13

少林寺第 30 世大和尚——素喜武師說：「高師育良徒，苦恆出高手。」古往今來，武林中的英雄名師，沒有一個不是靠苦和恆成才的。所以要幾十年如一日，無論冬寒冰雪，冷風刺骨，還是暑日似火，都要堅持苦練，一天也不間斷。為了少走彎路。早日成才，還必須四處訪師，博學眾家之長，虛心向同道求教。」

第二節　少林看家拳實用要訣

一、少林看家拳對攻六字訣

（一）十　剛

十剛：一剛踏地穩、二剛心要狠、三剛進攻緊、四剛步急跟、五剛擊敵準、六剛敵難進、七剛入羊群、八剛跳和蹲、九剛雙手伸、十剛擒敵人。

這十剛是對攻實戰中對弱手的急戰方法，是戰鬥中應注意的重要秘訣。因為敵人很弱，不是我的對手，所以不需要智取，只要發出十大剛強的進攻方法，一戰就成功。下面分別是用法和歌訣：

1. 一剛踏地穩

在和敵人交手時，腳下要根，不能漂浮不穩，要做到十趾抓地如虎，這樣足下穩重，沖擊才有勁，不致被敵人拉倒或碰到。所以起落進退，都要步法穩重，固如磐石、穩如泰山。

歌訣曰：

行站踏步穩如椿，不怕敵人藝業強，
任他狂敵摧不倒，穩如磐石立山崗。

2. 二剛心要狠

在和敵人搏鬥時，首先心裡要狠，不狠則坐失良機，使處於劣勢的敵人跑掉，甚至被敵人反攻敗陣。所以，要本著一毒二狠三加力四致命的原則去制服敵人。

歌訣曰：

搏鬥心狠意志強，狠擊敵人敗下場，
一毒二狠三加力，四制敵方去他鄉。

3. 三剛進攻緊

在和敵人交戰時，如遇敵手要加緊進攻，刻不容緩的緊逼對方敗陣，使對方不得反攻，也不得脫逃，即使勝不了也不至於讓敵跑掉，爭取三招五式將敵擊敗。因此時攻時，進招要猛，招勢要快，不給敵喘息的時機。

歌訣曰：

進攻對敵要加緊，刻不容緩敵驚心，
撥風扒打緊逼進，三招五勢勝敵人。

4. 四剛步急跟

如果敵人和我戰鬥起來，我兩條腿要行走如風，如木匠拉鑽一樣，步步緊跟，從敵方前後左右、四面八方不斷進招，使敵人無空得脫。否則，一旦腳步不隨，就會給敵可乘之機、使其逃脫或者反攻。所以進步要如閃電，退步亦無穿針之空，才能把敵制服。

歌訣曰：

交戰步行如打閃，行動如風似拉鑽，
步步緊跟敵難逃，軟弱之士嚇破膽。

5.五剛擊敵準

和對方交手時，每一手、每一腳、每一腿、每一肘，都要有準確性，不應胡打亂砸。

要做到出招即中，招招不空發。比如，我想擊敵方某個部位，一發招落點正合我意，此謂準確。否則，被敵人閃開、或擊到另一個部位，就說明我功夫不到火候，所以擊敵準有其妙如穿針之說。

歌訣曰：

　　擊準部位有玄功，勢如細線穿針精，

　　何處重擊何處輕，傷殘致命任我行。

6.六剛敵難進

就是在實戰交手時，我前進後退、四面八方，全能照顧到，並且招勢都有一定的迫力和威力，不給敵人可乘的空子，使敵人無法進擊我身。這樣才能避免對方進攻，擒住敵人或者擊退敵人。

歌訣曰：

　　上崩下砸要認真，上下相隨人難近，

　　撥風扒打和撩滑，四面八方任人侵，

　　迷蒙之士人雖廣，勢如揮筆掃千軍。

7.七剛入羊群

就是如猛虎入羊群，群羊驚散之勢。一般指身上有深功夫，而非一知半解，三冬兩季之功者，面對群敵，旋展出一惡壓三村，一力降十會的本領，進入群敵之圍，發出獸中之王猛虎之威，力戰群敵，使群敵退散，獲得勝利。

歌訣曰：

　　要戰群敵須功深，勢如猛虎下山林，

　　使出一力降十會，發出一惡壓三村，

　　群敵一見驚破膽，好似老虎入羊群，

　　群羊哪敢惹猛虎，只有伏地被虎啃，

　　敵人不是俺對手，只有投降被俺擒。

8. 八剛跳和蹲

　　此是練武功者必然運用的招勢變化之一，在你來我往的搏鬥中，有時跳高，有時蹲身，跳高和蹲身按得機、得時、得地、得利的進攻方法使用。如敵攻勢高，我即下蹲。敵人來勢低，我即跳高。敵勢高必然空大，我即攻其下三路。敵人如果下盤功底深厚，上盤空子多，我則用高攻勢，攻敵上三路。出招急快猛重、上下起臥、崩高偎矮、閃戰騰挪，妙在其中。

　　歌訣曰：

　　上跳下蹲功底深，攻防進取鳥入林，

　　跳身擊敵如飛燕，下蹲勝如佛一尊，

　　敵人一見心害怕，收放進退我為尊，

　　對手想逃難脫身，只有投地被我擒。

9. 九剛雙手伸

　　和對手搏鬥時，如果敵弱我強，可果斷出招，無須與之巧力周旋；雙手出招拿敵，如蒲扇一般，裡撩外滑、撥風扒打加擒拿，使敵欲跳難出掌邊，想竄難出掌尖，束手就擒。

　　歌訣曰：

　　猛招拿敵雙手伸，抓打擒拿奔敵人，

　　任他輕靈難逃跑，力狠手準招法穩，

　　軟弱之敵心膽怯，高明之士眼也昏，

　　伸出一雙拿人手，勢如老鷹抓飛擒。

10. 十剛擒敵人

與敵人交戰時，如果碰到弱手，一定設法將其擒住，否則，敵不服，而且，稍有大意放鬆進招，還有失敗的危險，所以交手時要本著有機就乘、得利必取的原則，捉住不放、拿即必倒，不能讓其反撲，並且處於優勢時亦謹慎出招，此為擒敵要法。

歌訣曰：

擒住敵人手內存，萬萬不可忘謹慎，

要拿敵人須拿倒，你不害他他傷人，

捉住敵人如拿鳥，手若一鬆鳥入雲，

此是臨陣十剛訣，牢記心中勤思忖。

以上對攻搏鬥十剛須知，是和弱手、迷蒙之群敵爭鬥時常用的招法。

（二）十 柔

十柔：一柔心要靈、二柔眼要明、三柔手要能、四柔步要從、五柔氣要平、六柔計要行、七柔意堅定、八柔守門封、九柔跌地中、十柔勝敵兵。

這十柔是針對交手雙方實力相差不大，而且都屬高手時，所必須運用的招法和變化，以克制對手的高明之勢；可謂以柔克剛，以軟磨硬、以滴水穿石之耐力和柔勁，克制對方強攻，爭取求和或者取勝，即使勝不了，也不致於被強敵、高手制服敗倒。

1. 一柔心要靈

意指一舉一動心中有數，對事要靈活機動、不能死板；與高手對戰起來，心裡要掌握逢剛智取、遇弱活擒的辦法；

以力制不了，可轉而用計謀和機智，以計代勞、以假亂真、以弱迷強。避免受傷，爭取勝利。

歌訣曰：

> 功弱心裡要靈通，以計代勞妙法生，
> 足智多謀心有數，何怕敵人藝業精，
> 以柔克剛軟磨硬，滴水也有穿石功。

2. 二柔眼要明

和敵手交戰時，兩眼要放亮，如果低頭彎腰，眼內沒有光彩，就會有敗陣的危險。眼不明亮，來勢趕不上，有空檔看不見，就會敗陣。因此，必須圓睜雙眼，抖擻精神，四面八方都要照顧到，以眼視眼，看敵方眼向哪看，我就要注意哪方以避免受擊。

歌訣曰：

> 變化虛實用眼觀，舉止行動靠兩眼，
> 戰在沙場眼要明，全神貫注力要添，
> 前後左右要照顧，四面八方視敵眼，
> 只要眼明心裡亮，步穩招準力自添。

3. 三柔手要能

就是手法精巧，有空即進取，來勢即接受，來猛能閉卦，雙手使招運用自如，勾、掛、撩、滑、劈、撥、崩、打、穿、挑、推、拉，都能隨時隨地應付過去，閃戰躲臥靈活自如，手法出進迅速，能誘騙敵人上我圈套，兩支手可迅速隨著抓拿擒放，擾敵不安，爭得主動。

歌訣曰：

> 兩手伸屈有玄功，抓拿擒放要使靈，
> 敵人來猛能封閉，敵中有空能進攻，

裡撩外滑靠兩手，撥砸進取不落空，

敵人縱有千斤力，撥開用我四兩功。

4. 四柔步要從

是指在交戰時敵強我弱，不易與敵硬碰，如果閃遠又恐被敵踢擊，只有步步隨敵轉動，使敵難以得空；敵來招我即收縮，敵回招我即跟進，不管敵人向哪裡進攻，我都跟進，完全靠兩足蹦縱跳躍、閃戰騰挪，做到輾轉身輕如燕，形似猿猴、卡似狸貓、緊從不放，敵雖功深也難以勝我。

歌訣曰：

敵人勇敢向我攻，前進後退步要從，

任敵縱有千合勇，左右緊追不放鬆，

敵來猛有即閃戰，敵若有空我即乘，

兩足行動如閃電，能戰猛虎擒蛟龍。

5. 五柔氣要平

指和敵方交手時，不慌亂，能沉心靜氣，能避免粗心大意，不亂攻亂進。遇到硬手，我力不能敵，要從容對付；敵從高外攻我，我則氣沉下丹田，向敵人下方進攻。敵從下邊來攻我，我就提氣到上丹田，躍高閃過，避敵鋒芒。敵來攻左，我氣行於右，帶動身體向右閃過。敵來攻右，我氣行於左，帶動身體向左閃過，閃開敵人猛攻。所以，心氣平和，招法從容，可避強就虛，轉敗為勝、轉危為安。

歌訣曰：

練功之人記心中，若遇硬手氣要平，

氣平心靜不忙亂，何處進手何處應。

6. 六柔計要行

是和高手對攻時，我憑個人本領難以勝敵，在千鈞一髮

之際靈機一動、計上心來，大喊如獅、虎怒吼使敵驚惶失措，表現出不沉靜時，我乘機進招攻擊；或者做出失敗的樣子，但心裡卻十分警惕，當敵強攻一忙亂，必有疏漏，我瞅準時機，快速出招；再如敵手強硬我無力還擊，但也要沉心靜氣，一手不發、閃戰躲避，以計代勞，使敵勞累心煩，急躁冒進，被我磨倒敗陣。

歌訣曰：

> 功淺力單要慎重，若遇強敵計要行，
> 隨機應變用妙計，不怕對手藝業精，
> 硬手若中我巧計，縱有神手也無功，
> 指東打西迷敵眼，指上打下要靈通，
> 以柔克剛敗中勝，方知我把妙計生。

7. 七柔意堅定

是指意志堅定不動搖，不能前怕狼後怕虎，左右為難。如果真正遇上了強手，也不要害怕，不被對方的威名所嚇倒，而是敢於碰硬，要有不入虎穴，焉得虎子的氣概，武術名家也是從失敗中總結經驗，才成名的。因此，說幹就幹，一幹到底，不能猶豫不定。如果不上場就氣消三分，必然失敗。所以，無論技藝如何，意志必須堅定。

8. 八柔守門封

意指和高手名士交手時，我因功力不抵人家，只有不求勝利，保持不敗為原則，去應付敵手進攻。敵來猛我閃開，敵來勇我後退，敵人擊左我封閉左，敵人擊右我封閉右，設法不被敵人擊倒。千萬不可貪勝猛進，要避而就之，跳而躲之，進而封之。用開兩掌不離懷，神仙難進來的護守法，走開兩腳急如風，高士一見白費功，身體轉動如蛇行，名手一

見也心驚；出掌如瓦瓏，握掌如卷餅，強敵一見不敢動。所以只要不想勝人，就不致於敗陣。苦戰千合，總得平局。

歌訣曰：

緊守門戶要用功，閃戰騰挪使技能，

封閉閃躲要謹慎，大羅神仙也難攻，

前前後後要照顧，左左右右要接應，

任他高明江湖客，戰鬥千合總得平。

9. 九柔跌地中

意指和強手交戰，我如果已力不能支，此時可以佯作失敗仆地，抓起沙土，向敵方頭面猛撒過去，迷敵眼睛，我則趁機進攻。此招應在敵人不備時突然發出，才能有效。即使勝不了敵人，也可轉危為安，不至於被擒。

歌訣曰：

強手硬攻我無法，只有跌倒地下爬，

就地取起無極土，直奔敵人迎面發，

成名高手心害怕，神手難避封眼沙，

敵方有機我即乘，一戰成功真可誇。

10. 十柔勝敵兵

指和對方交手時，要懷有必勝的信心。要是持著消極的態度，沒有勝利的信心和決心，行動就無力，也不會勝利。因此，無論對手技術多麼高超，我都敢於與之比試，要有初生牛犢不怕虎的氣魄。所以，勝敵之心在戰場上是非常重要的。

歌訣曰：

戰場之上要用功，心勝敵兵要慎重，

任他高手再高明，我的心內不怕驚，

心裡萬分想取勝，千方百計勝敵兵，

就是不勝也不敗，敵想勝我難成功，

此為十柔真妙訣，何怕敵人使威風，

無論高人和弱士，戰鬥千合也能撐。

這是少林看家拳對攻十柔之法，是交手中敵強我弱時的必用之法：運用以柔克剛、以軟磨硬、以計謀勝技術的方法補己之短，來增強自己的戰鬥力。

因此在臨陣中，遇見高手時，要用十柔法對付，遇到弱手時，要用十剛法對付，剛柔相濟，變換招法，爭取勝利。

（三）十　探

十探：一探敵心情、二探敵軟硬、三探敵武功、四探力量猛、五探手法精、六探步法靈、七探敵眼力、八探敵身型、九探敵玄功、十探我心明。

對攻十探是針對交手雙方互不相識，既不知其心裡如何想，也不知其功夫軟硬、力量大小、手法變化如何及手眼身法步特點、行動高低、技術變化等，所以先用投石問路的方法，探明對手是高手還是弱手，及時定出應付對手的策略，而採取的方法。因此，在對攻上要經過十探，才能心中有數，攻守自如。

下面是十探的具體內容：

1. 一探敵心情

過去與人交手，首先要探明敵來的意圖，看其是懷著敵意還是其它意圖，是因自己或是親戚朋友得罪了別人，亦或是因不服氣專來比武的，還是想學習、交流經驗的，摸清了這些情況，就會採取合適的辦法，對付來客。現代情況有所

不同，但可借鑒吸收，在習武中運用。

歌訣曰：

敵人收情要探清，還是好壞和相應，

觀敵表情看心理，□中言語要聽清，

若有好意好對待，若是惡意惡相迎，

無論來人功深淺，好壞應付照心情。

2. 二探敵軟硬

指與敵人交戰時，先伸手觸一下對方的手臂或肩，探出對方功夫軟硬。一般透過握手就可以知道對方功力，這是兩方交手不可缺少的試探方法。探清了對手的功夫，就可因人旋招：硬即按硬法對付，軟即按軟法對付，才能立於不敗之地。

歌訣曰：

探討敵人軟和硬，硬有實勁軟有輕，

敵方軟硬我摸清，擒敵就在我手中，

不怕敵方多靈敏，難逃當場敗下風。

3. 三探敵武功

指與對方交手時，先要探明敵人功夫深淺；如遇功夫深者，必須慎重應付，按十柔法對付。如功夫弱者，按十剛法去對敵。功夫深淺一觸手即知，或者一碰掌一踢腳就可知道。從對手招法上也可看出其功夫如何：如果掌走帶風，震腳如鐘，表明有深功。如腳下不實，出掌無力，功夫就遜色些。因此，探清對手功夫深淺，對於有針對性的出招非常重要。

歌訣曰：

探清武功淺和深，隨機應變須認真，

> 輕重虛實來對待，何怕敵人不被擒，
>
> 不怕敵人有巧計，不怕敵人藝絕倫，
>
> 學會看家玄妙法，鎮守寺院抵高人。

4. 四探力量猛

指和敵人交手時，先較量一下力量，看看敵人有多大猛力，以便心中有數。如果其勇猛而且力量大，就是用十柔法勝敵。如果其力量很弱，用十剛法勝敵。一般可用手臂或肩碰一下，或者輕彈一下也可知曉，這是搏鬥中不可缺少的過程。

歌訣曰：

> 搏鬥戰場要用心，力量大小要細分，
>
> 若逢力大十柔治，逢見力小十剛臨，
>
> 勇猛剛強用妙計，身小力弱當時擒，
>
> 要知功中法何在，練到中期有恆心。

25

5. 五探手法精

指和敵人對攻時，要試探對方手術快慢，有何種靈妙技巧。如果對手招招有勢，勢勢有法，伸去回來運用自如，那就要在手法上處處小心留意。如果一旦不慎重，即失去時機被對方得手。因此，交手要沉心定氣、機動靈活，靈機進招，一有機會即迅速進攻，如此，無論對方手法有多妙，我都可與之較量，而不至於敗陣。

歌訣曰：

> 探敵手法要看清，變化出手應用靈，
>
> 如若靈敏要謹慎，如果粗糙好進攻；
>
> 此為探敵手術藝，靈活對敵妙無窮。

6. 六探步法靈

指和對手對打時，首先要看對方下盤步法如何，是否有功夫。如果是行走如風，形站如丁，兩腿似拉鑽，彈跳如飛箭，那就一定是腿腳有深功夫，步法必然靈敏迅速。如果行動笨拙，說明對手有拳無功。因此，若遇步法靈者，我則慎重對付。如遇步法笨拙者，我則用剛勁一猛三得，把敵制服。

歌訣曰：

　　六探敵手步法功，還是輕靈還是鬆，

　　對手靈敏要慎重，步鬆之徒隨時應；

　　針鋒相對步法變，總叫對手跌流平，

　　敵人步亂招自亂，必在俺手敗下風。

7. 七探敵眼力

上場交戰時先看敵人眼力，如果精神抖擻，二目有神，目閃如電，眼珠滴溜溜亂轉，說明對手眼力不錯，戰鬥中要細心對付。如果眼中無神，目無光彩，這是眼力遜色者，交手時必然手到眼不到，是所謂手眼不相合。因此，無論與誰交手，都要隨機應變。

歌訣曰：

　　探敵眼力辨假真，須知敵人功淺深，

　　目光四射藝業深，交手即時要細心，

　　眼中無神目無彩，手眼不合當時擒，

　　此為探眼真妙法，戰場之上莫發昏。

8. 八探敵身型

就是交戰時，要看對方身法轉折起伏，上下行動是輕靈有方，還是蠢笨如牛。如果其手肘、腿腳、身段、腰腹等都

沒有漏洞之外，那就不好對付，絕不可等閒視之，要細心對付。否則就要按相反辦法對付，無不勝利。

歌訣曰：

敵人身形似遊龍，竄跳蹦縱身法靈，

若要碰上此對手，時刻留意在心中；

如若對手如牛笨，妙手一伸即成功，

對敵應戰看身法，臨陣應戰必須通。

9. 九探敵玄妙

和敵人交手時，要注意對手一舉一動的攻法及其心理的變化，透過觀察其拳腳的用法，可知其是否玄妙。如果是迅速輕巧、變化多端，那就要小心對付。如果出招蠻幹、硬打硬拼，沒有妙方，就不必害怕擔心，但仍不能粗心大意，要靈活應戰，對付敵人。

歌訣曰：

殺入戰場用眼瞧，敵人招法有玄妙，

上陣對敵須細心，千萬別被敵人撈；

敵如蠢笨我放心，十剛招法敵難逃，

交手先探玄妙法，戰略方法不可摺。

10. 十探我心明

和敵人戰鬥經過十種試探，對敵方功夫深淺，有否絕招，是真金還是黃銅，就比較有數了。

如何對付敵方、用何方法也有了把握，按照剛柔相濟的策略可望一戰成功。

歌訣曰：

經過十探我心明，敵是真金是黃銅，

功夫高低輕和重，完全控制我心中，

27

按定剛柔招法變，不怕敵人技術能，

任他總有神通手，久後難逃我手中。

這是十探的規則，是為十剛十柔開道服務的，用剛或用柔一般須經十探方可決定。

（四）十　善

十善：一善心留情、二善手留情、三善眼留情、四善肘留情、五善膝留情、六善腳留情、七善肩留情、八善胯留情、九善身留情、十善法留情。

十善是針對友誼比賽中，雙方為了切磋技藝，交流經驗，在互不傷害的前提下，使用招法時應遵循的原則。同時也是武林高士應講的武德。這裡介紹的是舊時武林人士行善的方法。

1. 一善心留情

和對手搏鬥時，對方是個朋友，或者是較好些的人物，就動惻隱之心，決定不傷害對方，點到為止。此為一善心留情。

歌訣曰：

心中留情愛賓朋，善念為根記心中，

處處進手心留意，莫傷朋友好弟兄。

2. 二善手留情

和對方搏鬥時，本方外於優勢或得了有利時機，可以狠擊對手，但恐傷及對手，放鬆了拳腳，輕拿輕擊輕抓，使對方知道便是。這就是手下留情。

歌訣曰：

手下留情是可誇，久講武德是名家，

點到為止手輕使，敵人也可得感化。

3. 三善眼留情

就是和對方爭鬥時，看到對手招法有漏洞，對手雖來不及閃躲，我也不乘機進攻，讓對手滑過去。應拿不拿，應抓不抓，有空也不攻，讓敵閃過。好像視而不見，此謂眼中留情。

歌訣曰：

　　眼中留情招不發，任讓朋友甘居下，

　　雖然看出有漏門，視而不見裝眼瞎。

4. 四善肘留情

和敵人交手時，本當進肘重擊對方使其重傷，但是考慮對方練功不易，就放輕了肘擊，或者不使肘。就叫肘下留情。

歌訣曰：

　　進步出肘實難忍，肘下留情見寸心，

　　本當進肘卻收回，唯恐擊重傷好人。

5. 五善膝留情

指和對手搏鬥起來時，雖已靠近敵身，可用膝抵擊其襠部致命要害處，重擊敵人，但是善念一發，收回招來，或者不使膝蓋頂擊，以防傷人，這就算是膝下留情。

歌訣曰：

　　膝蓋提起招來臨，頂擊致命切當心，

　　當重轉輕少用力，膝蓋收回讓三分。

6. 六善腳留情

就是和對手交手時，我抬腳踢對方，如果對手閃躲不開，我可把腳收回，或者輕踢，讓對手閃過。也可虛踢一腳

29

使對手知道，不將對方踢倒，這就是腳下留情。

歌訣曰：

腳踢對方要輕食，勿傷朋友莫踢重，

虛踢一腳驚對手，方知腳下留陰功。

7. 七善肩留情

就是在搏鬥中，我肩已接近對手，一使勁對手就會倒地受傷，此時為了不傷朋友，肩部少用力氣，或者收回轉用別的方法去勝對手。這就是肩下留情。

歌訣曰：

肩頭抗擊要留情，敵如遲笨慎擊重，

肩尖雖然能抗重，還可收回另使用。

8. 八善胯留情

和對手搏鬥時，胯部已貼近對方，但是看對手輕弱害怕，心裡一發善念，就放輕了招法。因此，輕擊或者收回不進，做到了胯下留情。

歌訣曰：

提胯攻在敵跟前，到把對方驚破膽，

能容人時且容人，收胯讓人理當先。

9. 九著身留情

和對手搏鬥時，我身體近前頂擊對方，如果對方無力支撐，可以停進、慢進，或輕靠對方，以便使對方閃開，讓對手知道自己不是對手，見好就收，不必將其貼倒重傷。

歌訣曰：

搶身進步敵難閃，若中對方太危險，

身法慢行放敵過，重擊對方太可嘆。

10. 十善法留情

指與對方交手，本當使妙法巧計把敵制服，但是善念一發，一切變化和巧計妙法都不用了，只是圍住對方嚇一嚇了事，這是法留情。

歌訣曰：

> 彼此爭鬥在當場，本當妙計都使上，
> 只因對方是朋友，圍困驚心最為強，
> 此為十善玄妙法，弱士朋友喜心腸，
> 方顯善念有根本，武風武德美名揚，
> 練家若解十善意，精武德高藝業強。

（五）十　惡

十惡：一惡心不讓、二惡手不讓、三惡眼不讓、四惡肘不讓、五惡膝不讓、六惡腳不讓、七惡肩不讓、八惡胯不讓、九惡身不讓、十惡法不讓。

這是指與對方交手時，遇上凶惡的敵人，我不制服他，他就要我性命。在這種情況下，絕不能發善心。如果動惻隱之心，就會被對方擊傷，甚至喪命，等於放走了敵人。

所以，對於危害性大的敵人要重傷之，危害性小的可輕傷之，只要發招出去，就讓對手失去戰鬥力。下面分別介紹十惡之法：

1. 一惡心不讓

指與凶惡的對手，損害國家和人民利益的敵人，交手時義憤填膺，下決心不放過他，立刻使出將其制倒捉住的招法，擊敗對方。

歌訣曰：

    搏鬥敵人生死爭，滿腹怒火燃心中，

    當即發出十惡招，制敵死命勿放生。

2. 二惡手不讓

和真正的凶手拼博起來，進手要惡，絕不要留情面，得手即進，得機即乘，點、拿、閃、挫、折等手法都用上，把敵制服倒地，一出手就叫敵人無還擊之力，寸步不讓。

歌訣曰：

    對敵出手急進攻，實發惡招在敵命，

    擊著何處何處殘，敵傷哪有還手功。

3. 三惡眼不讓

和凶手交戰時，眼要惡起來，觀察敵人全身行動和各處的漏洞，如果有一點空隙，也要趁機進攻，不能讓敵迷住，及時察看敵勢。

歌訣曰：

    眼為報信要用功，視準敵人他行動，

    若有漏洞報及時，時刻警惕不放鬆。

4. 四惡肘不讓

遇凶手惡敵搏鬥起來，得以近身，即刻使肘進擊，使出全部力量，叫敵難以脫逃甚至倒身落地不能戰鬥，立即投降被擒。

歌訣曰：

    肘尖頂擊顯威風，勢如猛虎下山峰，

    抵中敵方要害處，斷肋內傷難活命。

5. 五惡膝不讓

和敵人拼博時，只要迎面近身，得力用膝，就迅速提

膝，抵擊對方小腹和襠部要害處。要分秒必爭地進攻敵人，不能讓他反攻躲開，直至重傷被擒。

歌訣曰：

　　腳走如風跟敵蹤，近前抵擊膝無情，

　　提膝上抵致命處，擊中敵人難逃生。

6. 六惡腳不讓

和凶手搏擊時，要寸步不讓，得勢即踢，踢出一腳要立見成效，不能空發。運用兩腳上下翻飛，反覆踢擊敵人，只要有空用腳，即如閃電般快速出擊，絕不讓敵人逃脫。

歌訣曰：

　　邁開二足急如風，不怕敵人藝業精，

　　前進後退如拉鑽，敵人性命一足蹬。

7. 七惡肩不讓

和凶手拼死活時，要用惡招對付他，肩尖臂稍如能得勢，即抗上去，必須要全身用力，提到肩上，一抗即成功，使敵輕者跌倒，重者吐血或傷筋斷骨。

歌訣曰：

　　若逢凶手用肩抗，此為惡招肩不讓，

　　一肩抗擊致命處，斷骨傷筋活遭映。

8. 八惡胯不讓

和凶手搏鬥危急時，只要能抗得勢用胯貼擊，就必須盡全力把敵人撞倒。所以，用胯時不能空發容讓，要貼之即重傷倒地，擒住敵人。

歌訣曰：

　　使胯排貼力量強，貼進敵人他身旁，

　　全力使出貼身胯，敵人重傷跌當場。

33

9. 九惡身不讓

如果敵人太惡毒，和我拼命爭鬥，我要比敵人更惡。搏鬥中身法要靈活多變，有機會即全身力量用上攻擊對方，不能忍讓；不能把敵放走逃跑，要拿出全身所有絕技，把敵人制服。

歌訣曰：

身法晃動似閃電，來往高低身法變，

纏住敵人不留情，定叫凶徒跪腳前。

10. 十惡法不讓

和真正的惡人交手，要使出十惡的妙法，有機即乘，不能容讓。要將所有妙法計謀都使出來，把敵人制服倒地，敗陣投降。

歌訣曰：

十惡妙法起中心，定叫敵人性命傾，

擊中何處何處傷，性命送在頃刻中，

十惡之法隨時生，對準惡人下絕情，

不管敵人苦哀告，一毒二狠三要命。

（六）十　膽

十膽：一膽勢驚天、二膽勢驚險、三膽轉圓圈、四膽叫和喊、五膽底朝天、六膽地下纏、七膽膽要大、八膽小要玄、九膽易輕彈、十膽妙法全。

十膽是少林看家拳臨敵對攻時的基本要則。人要是沒有膽量就什麼事業也做不出來，要膽大也不能無原則的亂大一氣，膽小也不能束縛手腳，所以在戰場上，按十膽法去做，可幫助讀者有效的地運用膽量。

1. 一膽勢驚天

和敵人搏鬥時，先發出一個驚天動地的絕妙招法，把敵方搞得手忙腳亂，以勢取人，把敵嚇得膽顫心驚，乘勢取勝。

歌訣曰：

　　發招出勢必驚天，敵人一見心膽寒，

　　先發制人恐和嚇，能把敵人拿手間。

2. 二膽勢驚險

和對方交手，如身臨險地一樣，俗話說：沒有擒龍手不能下東洋大海；沒有打虎手，不使虎皮錢，不經險事鍛鍊不出人才。凡是武林高手都是經過不平凡的風險，才創出一番事業。在有些地方就是危險，也要試一試，不然難成大器。

歌訣曰：

　　臨陣須要經風險，必須險地走一番，

　　是眞是假急下手，生擒大海龍一盤。

3. 三膽轉圓圈

和對手戰鬥時，如果我功力不敵，可以轉圓圈。敵來猛我隨其手轉；直攻我向外轉；外攻我向裡轉；前攻向後轉；後攻向後首轉。設法不讓敵人拿住，用滾龍轉環的圈子避開敵人強攻，但也要有膽量。

歌訣曰：

　　三膽避敵轉圓圈，急使滾龍和轉環，

　　不怕敵人千般勇，轉來轉去勝我難。

4. 四膽叫和喊

在戰場上如果我武藝和對方不分高低，可以大喊一聲，如獅子怒吼，敵即驚心動魄，心忙意亂，精神受驚不集中，

一愣神即有失敗的危險。這也說明膽子要控制好，別被對方嚇倒。

歌訣曰：

敵人和我藝一般，難分難解難佔先，

拼戰中間猛叫喊，敵人受驚面朝天。

5. 五膽底朝天

因我技術比對方遜色一點，交戰中間可以一閃身撲地下，仰面朝天，觀看敵人變化情況。敵人如果乘機進攻，我可以用地功法大剪腿、大拌攪、勾連剪等方法制敵倒地，也可用掌進攻。這是以陰剋陽的辦法，但是也要有膽。

歌訣曰：

敵強我弱難進前，撲地跌倒面朝天，

敵人如果來攻我，以陰剋陽轉危安。

6. 六膽地下纏

如果進攻不得力，可以轉而用地功纏對方，使出地下腿法和進擊強攻之法，把敵纏倒。但是要有膽，不然會失敗。

歌訣曰：

高勢戰鬥有風寒，使出下盤地下纏，

自要膽大躺地下，何愁敵人不丟臉，

使出地攻敗中勝，六膽平地能勝天。

7. 七膽膽要大

和對手搏鬥要膽大，敢於去拼。如果膽小怕事不敢動，沒有膽量，非失機敗陣不可。因此，膽大、敢鬥是決勝的關鍵。

歌訣曰：

遇敵戰鬥膽如天，不怕敵人虎一般，

說是刀山也敢闖，一戰成功在跟前。

8. 八膽小要玄

和敵方交手，敵藝高勇猛，我自然害怕。再如聽到對手名震八方，武藝超群，自己武功不抵，沒上場心裡就先害怕起來，嚇去了三分技術，各種對付敵人的辦法，也應用不靈，此時要鎮定情緒，使出玄招。

歌訣曰：

　　交手不敵我膽寒，雖然膽小要用玄，

　　玄功妙法向外發，膽小也能佔上先。

9. 九膽易輕彈

和敵人交手，功夫不抵對手，力也不及對手大，就必須輕彈一下使對手心裡發慌，或者不知道對手功夫深淺，用手或腳輕輕彈一彈、試一試，也叫輕彈。

歌訣曰：

　　我功不抵戰陣前，易先誘敵輕輕彈，

　　手腳只要粘一粘，敵人意亂跌面前。

10. 十膽妙法玄

就是和敵人交戰時，膽子也大也要小，也要驚敵，也要探險，但是，要把各種經驗和妙法，集中在一起，隨機應變制服敵人，叫敵方敗陣。

歌訣曰：

　　十膽妙法出心間，進攻敵人要用全，

　　任敵縱有神通手，難免敗陣倒下盤，

　　此為十膽經驗廣，敵人再習難逃竄，

　　對攻用上十膽法，不怕敵人如虎歡。

以上是臨陣十膽經驗和實戰用法，對於習武者在戰鬥

中，借鑒這些經驗是很重要的。

歌訣曰：

> 剛柔探，善惡膽；六字法，記心間；
> 敢進攻，能佔優；勝敵人，我心歡；
> 真敵人，倒面前；好朋友，也膽寒；
> 六字訣，是真傳；靜心聽，尊師言；
> 學真功，代代傳；能防身，避風險；
> 健身體，能延年；保國家，萬萬年。

少林貞秋大師曰：

> 對攻臨陣六字言，武僧名將念幾遍，
> 對敵剛柔須用探，還須善惡膽要玄，
> 一切妙法謹慎使，戰鬥勝利凱歌還，
> 祖師傳下六字訣，僧眾弟子記心間。

少林名家郭慶方、馬希貢二位老師曰：

> 六字妙訣學心中，身入戰場顯威風，
> 行南就北只一陣，對方投降跌流平，
> 方顯看家六字妙，對手一戰膽嚇崩。

二、少林看家拳三十六抓法

（一）少林看家拳三十六抓法歌訣

> 一抓頭髮二抓陰，三抓面門四抓心，
> 五抓下巴六抓耳，七抓後項八鼻準，
> 九抓前領十抓肩，十一抓住我帶根，
> 十二抓抱敵後腰，十三抓住手腕根，
> 十四抓住敵手指，十五抓住掌背心，

38

十六抓住敵小臂，十七抓肘腋下尋，
十八抓抱敵前腰，十九抓別敵脖根，
別住敵臂按敵倒，二十抓住敵腳根，
二十一抓敵腳趾，二十二奔腳脖尋，
二十三抓敵小腿，二十四抓委中穴，
二十五抓敵袖口，二十六抓敵衣巾，
二十七抓敵褲腿，二十八抓麻眼根，
二十九抓側邊樓，三十抓住咽喉門，
三十一抓抱敵頭，三十二抓敵背心，
三十三抓敵後領，三十四抓敵肛門，
三十五抓搬脖根，三十六抓撐敵人，
此為散抓三十六，敵人一見頭發昏，
福居禪師傳此藝，留於後世動心神。

（二）少林看家拳三十六抓解脫法歌訣

一護頭髮二開陰，三開面門四分心，
五反下巴六護耳，七護後領蹬敵人，
八護鼻子撐敵人，九護前領反腕擒，
十護肩膊挎籃挑，十一護帶撐手心，
十二腰後頂鼻梁，十三護腕纏敵人，
十四護指蛇退皮，十五抹掉護拳心，
十六攪開敵小臂，十七護肘夾敵人，
十八肩前摘仙桃，十九反擊護脖根，
二十蹬枝護腳後，二十一護腳趾跟，
二十二踏腳脖子，二十三腿大翻身，
二十四護腿貫耳，二五護袖領敵人，

二六擔山衣巾護，二七護褲蹬一根，

二八劈掌護麻眼，二九側邊肘敵人，

三十展翅咽喉護，三一護頭撞敵心，

三二護脊倒金關，三三後領擊腋根，

三四護肛反臂打，三五護項挺一根，

三十六招猛翻身，敵人想護費心勤，

此為解脫三十六，遇勢破招緊緊跟。

以上是三十六解脫法，如果被敵人抓住，可隨時解脫，使敵人落空失手。

（三）少林看家拳三十六抓解脫法秘解

1.敵來抓我頭髮

我迅速用雙手按往敵手，把頭一低，身體向後一坐，向後猛拉，將敵人拉倒。對手因手腕被折疼，只有爬在地下投降，此招叫佛頂摸珠。

歌訣曰：

敵人抓住我頭髮，佛頂摸珠使妙法，

老虎坐身住後墜，敵人哀苦地下爬。

2.敵來抓我襠部

敵人來抓我襠部時，我用手掌向下猛一開，敵即抓不著。如果已被抓住，可急速用雙手掰住敵頭，向外後方擰轉，敵即撒手並反身倒地。此為單掌開碑，還有仙人摘茄子，兩種手法都可以解脫。

歌訣曰：

敵人來抓我陰部，單掌開碑一邊分，

如果狠心不放手，仙人摘茄傷敵人。

40

3. 敵來抓我面門

敵人來抓我臉面時，我用手向上一開，敵就抓不著了，名為鳳凰單展翅，又叫單手撥雲。

歌訣曰：

敵人來抓我面門，單手撥雲往上分，

敵方怕疼縮回手，撥開來式擊敵人。

4. 敵人抓我前心

我用雙手向下一分就可解脫，或抓著敵手向外一翻，令敵倒地，此招叫懷中取寶。

歌訣曰：

敵方來抓我前心，急用雙手向下分，

緊抓敵手猛一轉，挫骨擒拿制敵真。

5. 敵來抓我下巴

我用手抓住敵手，向外猛一展，敵即放手，斜身哀告投降，此招叫關公理鬍子。

歌訣曰：

敵抓下巴往上端，我抓敵手向外展，

敵方低頭弓身敗，拿敵投地跌下盤。

6. 敵來抓我耳朵

我雙手握住敵手，向反方向一轉頭，敵由於手腕疼痛，鬆開來手，這叫仙人轉影。

歌訣曰：

我的耳朵被人抓，急用雙手抵腕抓，

展手撐轉敵難忍，手腕骨折把手撒。

7. 敵從背後抓我脖頸

我用腳向敵人小腹和襠部蹬，可迫敵放手後退，重者倒

地受傷，這叫倒打紫金關。

歌訣曰：

敵抓脖頸背後沖，我即抬足向後蹬，

倒打金關撩襠腿，敵方迎面跌溜平。

8. 敵來抓刁我鼻子

我用手抓擠敵手掌側邊小指，並向外擺頭閃開來招，同時翻手，敵即疼痛放手。此招叫羅漢醉酒。

歌訣曰：

敵抓鼻子不放鬆，急抓敵手不稍停，

歪頭反手猛一扭，對方摔倒在街中。

9. 敵來抓我領子

我用手扣住敵人大拇指向外翻，同時另一手抓敵肘尖，用力一提，敵肘即掉，此招叫手揮琵琶

歌訣曰：

敵方抓領手來伸，我擒敵手肘尖尋，

兩手全憑撐提勁，敵方骨挫被俺擒。

10. 敵來抓我肩

我用一手按住敵手，擠住壓在肩上，另一手向敵臂上壓或外纏，向上挎提，敵疼痛放手，此招叫湘子挎籃。

歌訣曰：

敵來抓肩虎一般，我壓敵手使反纏，

湘子挎籃只一挎，敵人痛苦直叫喊。

11. 敵來抓我腰帶

我用手掐住敵方手心和手背中心勞宮穴，向外翻擰，迫敵鬆手，此招叫仙人解帶。

歌訣曰：

42

敵抓腰帶不放鬆，我用單手掐勞宮，

猛力反轉敵叫苦，一心想急逃哀告。

12. 敵來抱我後腰抓住不放

我用頭向後一碰，直頂敵人鼻子，敵疼痛欲逃脫，無心戀戰。重者當場被碰暈跌地，此招叫老和尚撞金鐘。

歌訣曰：

對方摟抱我後腰，我用頭頂向後敲，

和尚撞鐘猛一碰，敵方鼻疼似火燒。

13. 敵來抓我手腕

我用手向外一翻，撐纏敵腕，敵因疼痛放手，解脫困境。如一手翻不動可用兩手配合擠住反纏，此招叫反手牽牛。

歌訣曰：

敵方抓住我手腕，我急抖手向外翻，

用力一纏拿敵手，反手牽牛心內歡。

14. 敵抓住我手指

我用金蟬脫殼式和金蛇退皮勢，用我手向被擒之手背上猛力一拍就脫下來了。

歌訣曰：

敵人抓住我手指，金蟬脫殼迅速使，

恰似銀蛇大退皮，敵方落空無法制。

15. 敵人抓住我勞宮穴

我急用另一手，於我被擒的手前，向後猛力一滑。或者用力一別，即可脫出，此招叫抹掌，又叫仙人卷袖或攪海手。

歌訣曰：

敵人拿住我勞宮，急使抹掌一陣風，

使出禪林攬海手，敵想拿我萬不能。

16. 敵人抓住我小臂

敵兩手一起抓住不放，我則用手向敵我手中間插入，向上一攬，就可解開，此招又叫翻江攬海。

歌訣曰：

敵抓小臂不放鬆，不用反手和纏撑，

翻江攬海一別手，敵手鬆開疼難撑。

17. 敵抓我肘向我腋下上托

我身體向敵人身旁貼近，單臂夾住敵人，另一手向敵腿部一掀即把敵人拿起來，此叫倒口袋。

歌訣曰：

敵抓我肘腋下托，欲拿我臂脫關節，

我速脫身夾住敵，單手一托敵招洩。

18. 敵人抓抱我前腰不放

我用手向敵人下巴推擊，或用兩手擰敵頭，用仙人摘茄子，敵即放手。

歌訣曰：

敵從前邊抱我腰，仙人摘茄雙手撈，

搬住敵頭用力轉，敵方項疼直苦嚎。

19. 敵抓別我肩膊

我反轉身，用掌向敵太陽穴上劈，或勁下猛一推，即可解開。或奔陰部插掌也可以解危，此叫黃鶯托嗉。

歌訣曰：

敵方抓我膊臂根，用力後別下狠心，

轉身別開敵拿手，黃鶯托嗉插得準。

20. 敵人抓我腳跟

我速用喜雀蹬枝的招法用力一蹬，敵人被蹬疼痛而撒手。

歌訣曰：

　　　敵方抓住我腳跟，想傷我足可謹慎，

　　　敵即跳撲反起腿，喜雀蹬枝穩準狠。

21. 敵人抓我腳掌趾

我用跳高蹬腳或反身蹬腳，打敵人頭部或肩部，使敵人放手鬆勁，此叫金豹翻身。

歌訣曰：

　　　敵人抓我腳掌趾，金豹扭腰大翻身，

　　　回身踹頭推肩膊，敵人敗陣抱頭暈。

22. 敵人抓我腳脖子

我急跳起用另一腳向敵手踏去，敵被踏疼放開，或者怕踏即閃退，此招叫踩子腳。

歌訣曰：

　　　我腳脖子被敵抓，一心傷我使絕法，

　　　我速抬腳猛力踩，對準敵胸狠狠踏。

23. 敵人抓我小腿

我順勢猛一翻身，用另一腳向敵肋或胸部踢去，敵人懼怕而撒手，此叫大蟒翻身。

歌訣曰：

　　　敵抓我腿向上掀，我似大蟒把身翻，

　　　直奔胸肋用力踹，敵被踹倒跌街前。

24. 敵人抓我委中穴和膝蓋

我用雙風貫耳擊敵耳門，敵方怕擊手即放鬆，或者閃開

45

退出。

歌訣曰：

敵抓委中或膝蓋，我使雙風貫耳輪，

對方後仰心懼怕，急忙藏躲去閃身。

25. 敵人抓住我袖口衣服

我用手向外反手抓敵手腕，另一手上步向敵方咽喉鎖去，敵可放手，此招叫進步鎖喉法。

歌訣曰：

敵抓我袖氣勢凶，反抓敵手不放鬆，

進步鎖喉卡敵頸，制服對方不留情。

26. 敵人抓住我胸前衣襟不放

我用一手抓住敵手腕外翻，另一手穿在敵手臂下，用小臂向上挑敵肘尖，敵疼痛鬆手，這叫二郎擔山。

歌訣曰：

敵人抓住我衣巾，我拿敵腕妙法真，

二郎擔山只一抬，對方疼痛實難忍。

27. 敵人抓我褲角

我迅速抬腳向敵手腕猛力一蹬，敵手疼痛鬆手，或者怕重傷放手，此叫踢撥腳。

歌訣曰：

對方來抓我褲角，我蹬敵手抬單腳，

敵方懼疼丟開手，方知蹬腳此法妙。

28. 敵人抓我麻眼處

我速用掌向敵來手猛劈擊，敵疼痛即鬆手收回，或者怕劈即閃開，此叫劈玉轉，也可用仙人摘茄子的方法破招。

歌訣曰：

敵方探身抓麻眼，我即弓身把頭搬，

單掌一開玉磚劈，雙手摘茄方靈驗。

29. 敵從側邊摟我

我用肘尖抵擊敵人胸肋外，用力猛頂即開，或者敵怕肘擊肋即閃退，此招叫肋下單插刀。

歌訣曰：

敵來側邊把我攻，抱我底腰不放鬆，

我用肘尖猛一頂，敵人苦叫把手鬆。

30. 敵人抓我咽喉

我用大鵬展翅，一手扣住敵手大拇指外側，向外一撐即鬆，同時用力一翻手，向下一帶，可迫敵倒地。

歌訣曰：

敵方來抓我咽喉，扣其拇指向外展，

單臂用力猛一帶，敵即栽倒我面前。

47

31. 敵人抓抱我頭

我趁機向敵人胸前猛勁頂擊，撞上去敵即疼痛鬆手，此招叫貢公撞山。

歌訣曰：

敵抱我頭在懷中，我用鵝毛磨金鐘，

對方被鑽疼難忍，只有放手敗下風。

32. 敵來抓我後心

我用倒打紫金關，倒打敵方襠部或小腹，敵怕踢即放手，或者我用反臂捶，後崩敵方耳門即解脫。

歌訣曰：

敵手抓擊我後心，倒端北斗端敵人，

轉身急進迎門掌，敵方重傷疼難忍。

33. 敵抓我後衣領

我用捶向後搗擊敵人腋下，敵怕傷即鬆手，或者擊中扣疼痛即鬆手，此招叫仙人甩手炮。

歌訣曰：

敵抓後領把我撐，我使直捶肋下沖，

招法名為甩手炮，仙人甩袖用勁崩。

34. 敵人抓我肛門

我用反臂捶向後擊打敵人太陽穴和耳部，敵即閃開，或被擊中倒地，此招通稱橫掃千軍或反手炮。

歌訣曰：

敵來抓挑我肛門，反擊太陽並耳門，

招法名為反手炮，橫掃千軍解敵圍。

48

35. 敵在後抓搬我脖頸

我用後蹬踹踢對方兩小腿脛骨，迫敵鬆開。由於脛骨表面肌肉少，易踢疼，所以一旦踢中敵就撒手，有的甚至被踢倒在地，此招叫鯉魚挺脊，或叫蜻蜓展翅。

歌訣曰：

敵抱我頸往後搬，鯉魚挺脊不待慢，

蜻蜓展翅猛一抖，敵人迎面跌朝天。

36. 敵人抓我手猛撐

我猛反身向敵人排去，用胯排擊敵人小腹和襠部兩側，敵因害怕鬆手，或者閃開；也可用肘尖翻身猛頂擊敵人心口，胸膛、迫敵鬆手。前招叫老虎大偎窩，後招叫轉身插刀；還可抓敵人嘴猛一推，也可解脫，此招叫黃鶯固嘴。

歌訣曰：

敵撐我手不留情，老虎偎窩妙法生，

翻身黃鶯大固嘴，敵方敗陣一溜風。

　　以上是少林看家拳三十六個抓拿脫身法秘解，由於招法陰狠，易於傷人，使用時要慎重，當然，做為健身防衛，練習這些招法，在遇到危險時運用，那是比較實用的。由於這些招法簡單，沒有套路，易於運用，所以，練習時最好互相切磋，在實用中學習效果更佳。

少林高僧惠矩曰：

　　　　此技本是祖師傳，三十六抓有效驗，

　　　　任你強敵多勇猛，抓拿破解先上先。

少林高僧覺訓曰：

　　　　祖師傳授抓拿法，破解脫身全靠它，

　　　　任你高手武林士，若逢抓拿也無法。

少林本整武僧曰：

　　　　嵩山少林一名剎，傳法練藝是我家，

　　　　前人盡心教我輩，三十六抓拿破法，

　　　　離師雲遊出古寺，天下功法第一家。

武術大師蔡桂勤老師評論曰：（素法記錄於杭州）

　　　　少林禪宗抓拿法，逢招變勢全憑它，

　　　　任你縱有千合勇，若逢抓拿也害怕，

　　　　抓拿解脫隨時用，方顯功出第一家。

三、少林看家拳散打撥架法

（一）歌　訣

　　　　迎面來拳使單砍，急進順風劈面門；

　　　　左右上方來進手，撥雲見日紐雙針；

49

中心來手使格攔，進步頂心肘敵人；
左右中部來攻擊，破草尋蛇貫耳輪；
兩側上手使打虎，急架敵人擊前心；
兩側中擊使勾手，躍式挑捶奪胯陰；
後面上來前探身，急提後腿蹬胯陰；
後面中進急轉身，拐肘反打奔京門；
前面來腿外勾連，急進腳尖踢胯陰；
若是朋友切莫傷，向裡勾連踢腕門；
左右來腿反身勾，急提兩腿踢敵人；
後面來腿後勾連，急提膝蓋用腳跟；
敵人前來頂心肘，斜身肘開貫堂門；
左右來肘轉身拐，進身肘擊敵期門；

敵人提膝抵致命，急用膝蓋開敵人；
碰開膝外擊大胯，碰開裡面頂胯陰；
敵人前邊貼身靠，急轉後面肘章門；
敵人兩側貼身靠，反身翻臂擁耳輪；
敵人後邊挨身靠，上步赴肘抵後心；
敵人用肩抗我身，我閃身鎖咽喉門；
敵人肩頭抗我背，翻身反捶擊腦門；
左右兩側用肩抗，撤步沖捶擊前心；
敵人左右抗得緊，急用肩開肘乳根；
敵人前邊胯來到，急用我胯排敵人；
敵從後向我頂胯，急閃反身搬敵人；
敵從兩側來胯我，撤身進捶擊京門；
掌來掌開劈撥架，捶來捶隔左右輪；
肘來肘碰急進肘，膝來膝迎頂胯陰；

腿來腿勾撑進腿，胯來胯排一邊分；

肩來肩開肩碰肩，磕開肩膊擊敵人；

頭來頭砸頭碰頭，擊中後腦敵發暈；

敵人用計來勝我，緊守門戶勝敵人；

此為散打撥架法，切切勞勞記在心；

隨時隨地應敵人，萬不得已能護身；

前人傳下玄妙法，近身迎敵不驚心。

（二）散打撥架法秘解

1. 迎面來拳使單砍，急進順風劈面門

意指敵人從前邊來手擊我，我用單掌向敵人肘窩砍去，使敵臂彎屈，失去勁力；接著急反手掌進擊敵方面門或耳部、太陽穴等處，如順風行船之勢，不給敵以喘息的時機，擊敗對方。

51

2. 左右上方來進手，撥雲見日紐雙針

是指敵人由上方從左右進手，同時發招擊我，我速用撥雲見日之招雙手向上分掌，架開敵人來勢，然後急回手向敵人兩肋或者勁兩側刺掌穿擊，或刺點期門穴，敵即後退。

3. 中心來手使格攔，進步頂心肘敵人

意指敵人從中部來手，擊我中心部位，我急用小臂格攔開，迅速屈肘用肘尖頂擊敵人前心，使對方退走閃開或退步逃跑。

4. 左右中部來攻擊，破草尋蛇貫耳輪

就是敵人從中部由左右用雙手向我襲來，我速用雙手向下撥開，接著反手向上直奔敵兩耳，用雙風貫耳法擊去，使敵閃開後退。

5. 兩側上手使打虎，急架敵人擊前心

就是敵從身體兩側上方打來，我急用一手上架敵手，另一拳直擊敵人前心，把敵人開出或擊退，左右用法相同；應招時哪邊來的緊先打哪邊，沖拳要有力，打出去要狠，叫敵人輕者倒地重者則傷。

6. 兩側中擊使勾手，躍式挑捶奪胯陰

就是敵人從中部兩側方向向我襲來，我弓步躍式用手下勾敵手，另一手從下向上挑擊對方襠部位，使敵後退或閃開，左右兩側用法相同。

7. 後面上來前探身，急提後腿蹬胯陰

就是對手從後面上邊來手擊我，我迅速向前探身，用腳向後猛蹬敵麻眼處，或者胯陰部，使敵方後退，或怕蹬閃開，甚至使敵重傷倒地。

8. 後面中進急轉身，拐肘反打奔京門

就是敵從背後向我中後心擊來，我急轉身用拐肘反身直擊敵人京門穴，迫敵後退或重傷倒地。

9. 前面來腿外勾連，急進腳尖踢胯陰

就是敵從我前方來腿踢我，我急提腿使腳向外一勾，勾開來勢，然後速回腳，進踢敵人會陰，敵即退去，或者重傷倒地。

10. 若是朋友切莫傷，向裡勾連踢腚門

就是踢腿勾連時，切記要慎重作用，如果是朋友則用腿把他勾向裡歪，接著踢擊肛門兩邊厚肉，不傷人。如果是敵人則用腿將其勾向外歪，即踢擊其襠和小腹，使敵身傷倒地，重者還有性命的危險。

11. 左右來腿反身勾，急提兩腿踢敵人

就是左右兩側來腿擊我，我即返身後勾腿，勾開敵腿，然後用另一腿急踢敵人小腿或膝蓋，擊退對方；或者踢敵委中穴，也可迫敵敗陣躍出。

12. 後面來腿後勾連，急提膝蓋用腳跟

就是後邊敵來踢我，我用腿向後勾連，把敵腿勾向一邊，接著急翻身用腳跟蹬踢敵人膝蓋，或麻眼，重擊對方，使敵敗陣投降。

13. 敵人前來頂心肘，斜身肘開貫堂門

敵人如果用肘從前方向我頂來，我用肘尖猛一拐，即磕開敵肘，然後迅速用我肘進擊敵人腋窩，使敵疼痛敗陣或者怕傷閃開。

14. 左右來肘轉身拐，進身肘擊敵期門

不管敵人從兩側哪邊來肘抵我，即轉身肘一拐，接著急用我肘頂擊敵人期門穴，使敵重傷退出或者閃開敗陣。

15. 敵人提膝抵致命，急用膝蓋開敵人

敵人如果用膝抵我致命之處，我急提膝蓋磕開敵人來擊之膝，接著用膝回擊敵人襠部或胯部，使敵重傷倒地或者閃退。

16. 碰開膝外擊大胯，碰開裡面頂腋陰

如果不想傷人，便把來膝抵碰裡邊去，接著用我膝抵擊敵腚上厚肉，如果想傷敵方，用我膝把敵膝蓋碰向外邊，速提我膝回擊敵方腹襠小腹之間致命處，使用時要慎重，腹襠之處一般勿擊，朋友和敵人要分清。

17. 敵人前邊貼身靠，急轉後面肘章門

敵人從前邊來向我靠擊，我急轉身從後面用肘尖頂敵章

門穴,使敵疼痛,或重傷敗陣。

18. **敵人兩側貼身靠,反身翻臂擁耳輪**

就是敵人從兩側方向我貼身靠來,左右側方法相同,我則急速反身用拳擁擊敵耳太陽穴,使敵重傷倒地,或者退出。

19. **敵人後邊挨身靠,上步赴肘抵後心**

敵人從後面向我挨身靠來,我即上步轉身用我肘向後抵擊敵人後心,要傾向敵人身近外,用肘把敵方重擊,使其栽倒。

20. **敵人用肩抗我身,我閃身鎖咽喉門**

敵人用肩頭向我猛抗,我閃身一手抓敵肩頭,接著用另一手向敵咽喉鎖去,敵即退後,或者怕鎖閃開。

21. **敵人肩頭抗我背,翻身反捶擊腦門**

敵人使肩頭從我背後抗擊我背心,我即翻身用反臂捶,反打敵人後腦門,擊中敵人迫其倒地,或者敵怕傷閃開退出。

22. **左右兩側用肩抗,撒步沖捶擊前心**

在我側方如有敵人抗來,我即撒步沖拳直擊敵人前心,使敵重傷後退。

23. **敵人左右抗得緊,急用肩開肘乳根**

敵人從側方或左或右向我抗擊,我用肩猛力一拐把敵人肩頭拐開,迅速屈肘抵擊敵人乳根,使敵受傷敗陣。

24. **敵人前邊胯來到,急用我胯排敵人**

敵人如果從我前邊用胯向我排來,我即使胯碰開敵人,接著用胯回擊對方,使敵被排出去,或排中倒地敗陣。

25. 敵從後向我頂胯，急閃反身搬敵人

就是敵從我背後使胯排我，我即反身向敵人扳擊，使敵倒地。

26. 敵從兩側來胯我，撤身進捶擊京門

敵人從側方胯打我，我即撤身進捶，擊敵京門穴，敵即退或被擊倒地。

27. 掌來掌開劈撥架，捶來捶隔左右輪

就是敵來掌擊我，我用掌開來，或架去圈外，猛向敵劈擊，或撥開敵人來掌，這是掌的用法；如果是捶來即用捶隔，左右如車輪轉動，掄撥敵來捶，然後直沖、扣打、反打、上砸、下挑輪換進擊。

28. 肘來肘碰急進肘，膝來膝迎頂胯陰

就是敵用肘抵我，我則用肘撥開敵來勢，急回擊敵人；敵用膝來抵擊我要害處，我急用膝磕開敵勢，回擊敵人的要害處，使對方敗陣。

29. 腿來腿勾撑進腿，胯來胯排一邊分

就是敵來腿腳踢我，我用腿腳勾打撑踢，勾撥開敵腿，急速回踢敵方；敵用胯排我，我用胯把敵胯碰開排在一邊，緊接著用我胯回擊對方。

30. 肩來肩開肩碰肩，磕開肩膊擊敵人

敵來肩抗，我用肩磕開敵人，接著猛力一抗，迫敵失機敗陣，叫見勢打勢。

31. 頭來頭砸頭碰頭，擊中後腦敵發暈

敵來頭拱撞我胸口，我閃之不及可以迅速低頭用我頭砸擊敵人後腦門，可將敵擊倒。

55

32. 敵人用計來勝我，緊守門戶勝敵人

敵如用計謀智取我，我要時刻警惕守門戶，觀察定勢，封閉閃躲，切莫上當受騙。

少林一貫禪師曰：

> 祖師傳下敬手法，看家護院實用它，
> 寺內眾僧苦研練，千秋萬代永記下。

少林洪惠禪師曰：

> 散打妙法在佛家，嵩山少林流傳下，
> 用在近身蘆席戰，肩胯膝肘腳手發，
> 學會散打撥架藝，不怕高手和名家。

少林還俗僧素法曰：

> 散打妙法傳千秋，祖師藝業永保留，
> 今日功法傳於世，但願後代苦恆修。

第二章
少林看家拳拳法

第一節 少林看家拳套路歌訣 及動作順序

第一路 開山拳

歌訣曰：

雙臂舉鼎上雲端，雙手托平肋下穿，

上小步腿托架式，單踢打捶虎登山，

勾跟拍腳躍步式，風卷霹靂上九天，

轉身接占騎馬式，霸王舉頂上下翻，

提腿磕膝提定式，護耳巧女關雙贊，

繃手擺蓮護腿進，鴻門射雁落沙灘，

按窩呂夫牽敵手，進步肘腿腳跟掀，

跳起劈山下式閃，半掃腿上用目視，

飛身放下狐狸剪，腳下風聲掃塵煙，

轉身接占騎馬式，匡捶招法要爭先，

蹬山打捶力要猛，踩羅踢打力要全，

反臂接按護肩掌，野馬分鬃上下翻，

八步趕鏟運兩掌，踏步急行趕雲端，
二起腳飛天邊躍，風卷炸雷上九天，
轉身接占騎馬式，仙卷銀幕貼地翻，
繃手擺蓮護腿進，鴻門射雁落沙灘，
兩手一攬梅花手，謝步請式招法完，
諸公若問拳名姓，少林開山一趟拳。

動作順序：

霸王舉鼎、雙手托塔、跳步拍打、彈腿沖拳、弓步前後推掌、旋風腳、馬步側推掌、閃門炮拳、野馬分鬃、白猴望仙、鴻門射雁、猛虎跳澗、飛身狐狸剪、掃腿側沖拳、撥雲迎日、踩踢鴛鴦腳、金龍抱玉柱、童子拜觀音、魚公倒划船、八步趕鏟、二起旋風腳、馬步側推掌、一化臥勢、青龍鬧海、二起旋風腳、飛擺蓮、鴻門射雁、織女耍剪。

第二路　迎門掌

歌訣曰：

雙臂舉鼎去山中，兩手托平肋下行，
上步玉柱迎風站，進步展腕上下攻，
調步斜行一條龍，翻身陽門掌更雄，
進步穿手肋下使，梅花手上勾架功，
繃手擺蓮護腿進，扣捶朝天腿蹬空，
跳起劈山下式閃，掃腿用在千軍中，
轉身接占騎馬式，進步穿手肋下行，
反臂接按護肩掌，湘子挎籃臂上攻，
進步踏出兩隻腳，前後沖招一條龍，
兩掌交錯是抹掌，順式單鞭妙無窮，

　　上步一化羅漢展，二起穿手肋下行，
　　一調呂夫背後劈，進步肘腿牽踢攻，
　　翻身接擺撩陰掌，調步陽門掌更雄，
　　上懸盤上提定式，下懸盤上踢擺功，
　　翻身拾錢劈三掌，二起桑式攔推攻，
　　提腿磕膝提定式，兩手平托盤架攻，
　　翻身臥式就地滾，二起旋風腿生風，
　　緔手擺蓮護腿進，鴻門射雁前後攻，
　　兩掌一攪梅花手，謝步請勢招法成，
　　列公若問拳名姓，萬古長青少林功。

動作順序：

　　霸王舉鼎、雙手托塔、上步玉柱、震腳沖天炮、二郎擔山、震腳三推掌、織女耍剪、大鵬展翅、臥龍探爪、大虎抱頭、黑風卷海、馬步側推掌、弓步三推掌、湘子挎藍、左右踢腿、二郎擔山、前後推掌、羅漢張口、二起踩腳、前後推掌、虛步撩掌、馬步崩陰掌、羅漢迎門掌、金雞獨立、燕子戲水、就地拾金錢、老虎出洞、燕落沙灘、青龍鬧海、二起旋風腳、飛擺蓮、鴻門射雁、織女耍剪。

第三路　三薦諸葛

歌訣曰：

　　雙臂舉鼎上雲端，兩手托平向前穿，
　　上步玉柱迎風站，子午晨暮煉單拳，
　　上步鉤摟勢法全，進步擺掌護雙肩，
　　調步接占騎馬式，匡捶招法要爭先，
　　進步踩羅踢打勢，翻身彎腳力要全，

抽樑換柱順捶打，跳打疊膝奔下盤，
調步背後推月勢，跳起推窗力無邊，
跳起推月雙碰掌，十字手法軟骨斷，
轉身擺蓮護腿邊，金雞獨立站上盤，
展翅踢腳打順捶，踩羅踢打力要添，
前後下盤三掃腿，撤身倒步一溜煙，
轉身接站騎馬勢，呂夫肘腿腳跟掀，
撤步接掃後掃腿，跳起劈山下式閃，
掃腿招法千軍用，騎馬姿勢要站圓，
吊步背後右推月，跳起推窗力無邊，
跳起推月雙碰掌，左右打虎力要全，
展翅扣捶鉤連腿，蹬山打虎力更添，
跳起劈山下勢閃，腳下風聲掃塵煙，
轉身接站騎馬式，三把戰腳敵膽寒，
兩手平托坐盤腿，風捲霹靂上九天，
轉身接占騎馬式，蹬山打捶力無邊，
上步扣捶抱月式，撤身倒步一溜煙，
兩掌交挫是抹掌，順勢二郎一條鞭，
一化鎖籃跨虎式，踮步撤身一溜煙，
提腿獨立提定勢，腳飛銀河雙擺蓮，
鴻門射雁沙灘墜，梅花攬手勢法完，
諸公若問拳名姓，三薦諸葛少林拳。

動作順序：

霸王舉鼎、雙手托塔、上步玉柱、仙童坐馬、馬步單鞭、弓步沖拳、連環彈腿、弓步架掌、童子送書、回頭觀陣、二郎擔山、震腳虎抱頭、卷地黃風、馬步側沖拳、水打

車輪轉、震腳金固頭、鳳凰展翅、馬步沖拳、順手牽羊、追
蛇入洞、雙手推窗、跳步雙推掌、轉身擺蓮、仆地打虎、金
雞獨立、踢腿沖拳、三掃腿、馬步側推掌、大虎抱頭、右掃
腿、轉身左右推掌、左右打虎、展翅連環腿、大虎抱頭、前
掃腿、戰腳陽掌、仙女散花、馬步側推掌、弓步架打、併步
扣捶、燕子斜飛、一化鎖籃、猴子拉犁、後掃腿、金雞獨
立、鴻門射雁、織女耍剪。

第四路　穿心捶

歌訣曰：

> 雙手舉鼎似托天，兩手托平急如鑽，
> 上步玉柱堂前站，擺開四路少林拳，
> 虎步鉤摟妙法添，併步合掌進雙肩，
> 調步站成騎馬式，蹬山打捶力無邊，
> 採羅恨腳沖捶打，蹬山打捶力更添，
> 採羅彎腳馬步踹，君子送書貫兩肩，
> 斜身吊捶閃化勢，跳起劈山下勢閃，
> 掃腿招法千軍用，騎馬姿勢要站圓，
> 蹬山打捶力要猛，採羅彎腳翻羅圈，
> 展翅踢腳順捶打，跳打疊膝取下盤，
> 翻身推捶擊敵退，跳起揣捶敵進難，
> 跳起揣捶擊敵猛，虛步吊捶敵勢觀，
> 進步打捶擊敵倒，跳起翻身劈下山，
> 掃腿招法千軍用，騎馬姿勢要站圓，
> 上步卡倉中部進，呂夫肘腿緊相連，
> 後掃站成騎馬式，呂夫肘腿取下盤，

劈山掃腿騎馬勢，背後推敵力更添，
跳起左右推敵倒，撇步抽樑換柱拳，
天鵝下蛋調步砸，腳下風聲掃塵煙，
轉身接戰騎馬式，上步巧走奔下盤，
恨步雙掌三進勢，雙捶推出把門關，
上步抱住懷中有，拉開躍勢一條鞭，
抹掌接走單鞭式，上步化手使鎖籃，
上前捶敵三勢步，朝天踢腿不容寬，
翻身打出進步捶，繃手踢出雙擺蓮，
鴻門射雁沙灘墜，梅花攬手勢法完，
謝步請勢收招住，四路少林寺內傳，

動作順序：

霸王舉鼎、雙手托塔、上步玉柱、豹子出洞、馬步側推掌，上步沖拳，連環抓踢、弓步架掌、童子送書、回頭觀陣、二郎擔山、震腳虎抱頭、卷地黃風、馬步側推掌、水打車輪轉、震腳金固頭。鳳凰展翅、彈腿沖拳、順手牽羊、追蛇入洞、雙手推窗、虛步陽掌、震腳沖拳、大虎抱頭、後掃腿、馬步側沖拳、震腿卡倉、潑腳甩劈、馬步側推掌、彈腿劈掌、轉身虎抱頭、掃腿沖拳、前後沖拳、馬步右沖拳、羅漢鐵臂、大虎抱頭、掃腿騎馬式、撐肘沖捶、併步扣捶、二郎擔山、燕子斜飛、一化鎖籃、猴子拉犁、朝天踢、馬步側推掌、轉身擺蓮、關公勒馬、織女耍剪。

第五路　五夫掌

歌訣曰：

雙壁舉鼎上雲端，兩手托平向前穿，

上步玉柱庭中站，背後劈敵倒街前，
跳步攉進撩陰掌，接拉肘腿敵犯難，
繃手揣進下三路，回頭單踢用力彈，
跳步揣掌切小腹，裸腿挎虎山頭觀，
鈎跟帶腿前後打，風卷霹雷上九天，
轉身按站騎馬式，繃手揣掌奔下盤，
回頭單踢彈力猛，巧子龍下敵腳掀，
二起腳飛天邊躍，騎馬姿勢要站圓，
繃手狠揣坐盤腿，轉身護腿三擺蓮，
回身單踢敵難進，一拉敗式把敵觀，
恨步切出滾腸掌，拉步揣掌切中盤，
上步跳踢敵難進，二起腳飛躍天邊，
轉身站定馬步式，黃龍大轉左右翻，
恨步反江搬敵倒，連穿三掌緊相連，
躍勢二郎鞭一條，雙行二起飛天邊，
腿飛銀河雙擺蓮，鴻門射雁落沙灘，
一化廠門獨立站，八步趕鑣上雲端，
二起腳飛天邊躍，風卷霹靂上九天，
繃手擺蓮護腿進，鴻門射雁落沙灘，
兩掌一攬梅花手，謝步請勢招法完，
若問五夫何處有，少林看家五趟拳。

動作順序：

霸王舉鼎、雙手托塔、上步玉柱、麒麟亮勢、羅漢崩
拳、羅漢推雪、弓步推掌、孫猴觀陣、天馬墜地、羅漢推
雪、燕子啄食、二起側推掌、羅漢推雪、旋風側推掌、羅漢
推雪、兩掌一拳、黃忠射箭、大鵬叼魚、馬步側推掌、虛步

推掌、黃龍大轉身、翻江擺蓮、上步三揣掌、二地腳、關公勒馬、白鶴亮翅、二起旋風腳、飛擺蓮、鴻門射雁、織女耍剪。

第六路　地盤腿

歌訣曰：

雙臂舉鼎上雲端，兩手托平肋下穿，
上步玉柱迎風站，使開六路少林拳，
上步鉤摟勢法全，併步擺掌護雙肩，
調步站成騎馬式，野馬分鬃上下翻，
八步趕鏈運兩掌，二起腳飛躍天邊，
轉身接打旋風腿，騎馬姿勢要站圓，
飛身放下挾腿剪，腳下風聲掃塵煙，
一化臥勢就地滾，二起腳飛躍天邊，
轉身接打旋風腿，騎馬姿勢要站圓，
飛身放下挾腿剪，掃腿招法破難關，
恨步頂門炮沖天，左右扇風防敵鑽，
仙卷銀席貼地翻，二起腳飛達天邊，
平地大权前後展，二起腳飛上雲端，
風卷霹靂上九天，鉤跟帶腿飛擺蓮，
騎馬姿勢要站圓，飛身放下挾腿剪，
半掃腿上用目觀，飛身放下狐狸剪，
腳下風聲掃塵煙，轉身接占騎馬鞍，
上步卡倉兩中盤，翻身拉步就地纏，
二起腳飛躍天邊，轉身接打旋風般，
繃手踢出雙擺蓮，鴻門射雁落沙灘，

梅花擺手勢發全，謝步請式笑歸山，

少林六路名地盤。

動作順序：

霸王舉鼎、雙手托塔、上步玉柱、豹子出洞、馬步單鞭、魚公倒划船、八步趕鑱、二起旋風腳、飛擺蓮、飛身狐狸剪、掃腿騎馬式、上步卡倉、一化臥勢、二起旋風腳、飛腳擺蓮、鴻門射雁、織女耍剪。

第七路　梅花拳

歌訣曰：

雙手舉鼎火燒天，兩手托平一溜煙，

上步玉柱林中站，後拉姿勢把敵觀，

單踢下打坐虎式，翻身仙人轉影變，

後拉虛步觀敵勢，單踢坐虎打下盤，

翻身打虎力要狠，火勢二起飛天邊，

轉身接打旋風腿，白鶴展翅上下翻，

恨步栽捶砸敵倒，速進三掌把身翻，

急速三踢使採羅，反身彎腳左右彈，

劈蓋手法敵難躲，翻身劈蓋緊相接，

上步掛塔按敵倒，連環劈蓋上下翻，

後拉姿勢觀敵變，推出開山掌朝天，

回身翻卷旋風腿，風卷霹靂上九天，

坐虎下批防敵腳，馬步上劈進手難，

上步肘腿拉敵倒，蹬山劈掛上下翻，

進步肘腿拉敵倒，腿飛銀河雙擺蓮，

鴻門射雁沙灘墜，梅花攬手勢發全，

謝步請勢收勢畢，七路少林在嵩山。

動作順序：

霸王舉鼎、雙手托塔、上步玉柱、童子開弓、坐虎待羊、金雞獨立、震腳擠手炮、弓步推掌、三官擒呂布、千斤砸捶、黑虎出山、彈腿抹掌、張果老倒切瓜、麒麟亮勢、仆步推掌、倒打旋風腳、馬步側推掌、旋風腳、馬步側推掌、雙手後劈、童子觀山、三戰腳、飛擺蓮、關公勒馬、織女耍剪。

第八路　連環捶

歌訣曰：

雙臂舉鼎似托天，兩手托平向前穿，
上步玉柱堂前站，背後劈敵倒下邊，
跳起揣掌切敵腹，掛塔按敵跌平川，
繃開來勢下盤進，翻身仆地落塵煙，
跳起撲地防敵進，單掌推碑力要全，
上步推月連環進，鉤跟帶腿前後觀，
上步犡身旋風腿，風卷霹靂上九天，
轉身接占騎馬式，恨步沖捶上青天，
一拉敗式閃敵攻，恨步滾腸切中盤，
連環八捶二起腳，撤身倒步一溜煙，
轉身站成馬步勢，卡倉擠敵不容寬，
連環打捶就地滾、二起腳飛躍天邊，
轉身接打旋風腿，風卷霹靂上九天，
擺蓮繃手護腿進，鴻門射雁落仙山，
兩手一攬梅花手，謝步請勢招法完，

列公若問拳名姓，八路少林佛門傳。

動作順序：

霸王舉鼎、雙手托塔、虛步亮掌、黑虎掏心捶、弓步抹掌、羅漢推雪、鋪地錦、震腳側推掌、潑腿旋風腳、羅漢推窗、併步架打、八方連捶、二起後掃腿、馬步側推掌、弓步卡倉、青龍鬧海、二起旋風腳、飛擺蓮、鴻門射雁、織女耍剪。

第九路　連環腿

歌訣曰：

雙臂舉鼎火燒天，兩手托平向前鑽，
上步玉柱迎風站，背後劈敵倒下盤，
天馬行空劈坐虎，翻身虛步展翅觀，
二起擋山格敵進，風卷霹靂上九天，
提腿磕膝提定勢，二起腳飛躍天邊，
坐虎打捶下盤進，翻身打虎力更添，
一拉敗勢防敵攻，恨步滾腸切腹間，
連環三腿人難防，三響二起飛天邊，
轉身接打旋風腿，騎馬姿勢要站圓，
巧子龍下掀敵倒，上步沖捶直朝天，
三環套月上下劈，坐虎馬步劈連環，
向右雙臂連環掌，回身劈掛上下翻，
左右雙掌劈玉磚，翻江拿敵以陣前，
崩手擺蓮護腿進，鴻門射雁落仙山，
兩掌一攬梅花手，謝步請勢招法完，
若問此拳何處有，九路少林出嵩山。

動作順序：

霸王舉鼎、雙手托塔、上步玉柱、虛步挎肘、天馬行空、二起推掌、旋風腳、二起坐虎式、弓步摘心捶、麒麟亮勢、併步架打、陣破三關、大鵬展翅、旋風騎馬勢、燕子啄食、震腳沖天拳、童子拍掌、翻身仆地錦、大鵬展翅、擊掌擺蓮、鴻門射雁、織女耍剪。

第十路　埋伏掌

歌訣曰：

> 兩手托印向上翻，用力前穿急如箭，
> 上步玉柱頂天立，仙人指路下嵩山，
> 恨步打捶蹬山勢，採羅踢打力要全，
> 巧子龍下尋敵跟，跳起躍勢拉單鞭，
> 順勢單鞭一條線，虛步挎虎山頭觀，
> 翻身攪動梅花手，踏步急行趕雲端，
> 二起腳飛天邊躍，順勢二郎一條鞭，
> 攪海揮動梅花手，巧子龍下敵腳掀，
> 跳起迎敵三通鼓，蹬山打捶似虎鑽，
> 天鵝尋食背後劈，拿住敵人反小纏，
> 背後推窗望月勢，蹬山打捶虎登攀，
> 鉤跟帶腿前後打，風卷霹靂上九天，
> 轉身接站騎馬勢，金龍合口回頭觀，
> 恨步翻江搬敵倒，護腿踢敵使擺蓮，
> 一位敗式回頭看，前進三掌穿連環，
> 二郎擔山一條鞭，虛步挎虎山頭觀，
> 二起腳飛天邊躍，恨步卡倉取中盤，

68

翻江搬敵仰面倒，護腿踢敵使擺蓮，

鴻門射雁沙灘墜，梅花手法招數全，

謝步請勢收招住，此為十路少林拳。

動作順序：

霸王舉鼎、雙手托塔、上步玉柱、仙人指路、震腳沖拳、燕子啄食、大鵬斜飛、虛步揚掌、虛步推掌、八步趕鑔、二起燕斜飛、燕子啄食、弓步沖拳、張果老切瓜、弓步雙插掌、弓步沖拳、旋風騎馬式、烏龍翻江、燕子斜飛、織女耍剪、八步趕鑔、二起卡倉、關公勒馬、擊掌擺蓮、鴻門射雁、織女耍女剪。

第十一路　仆地沙

歌訣曰：

69

雙臂舉鼎飛雲端，兩手托平肋下穿，

上步玉柱庭中站，單掌開山推迎面，

二起腳飛天邊躍，順勢二郎一條鞭，

蘇秦背劍下仙山，八步趕鑔起雲煙，

仆地抓沙到陣前，撒沙放下狐狸剪，

腳下風聲掃塵煙，轉身接站騎馬勢，

匡捶招法要爭先，進步採羅三踢打，

恨步進身使搬攔，連環沖捶窩裡炮，

恨步翻江力無邊，繃手擺蓮護腿進，

恨步滾腸切腹間，三響二起躍天邊，

轉身接打旋風腿，恨步栽錘走回環，

陰陽火勢八步走，連環雙掌劈下邊，

恨步翻江搬敵倒，繃手護腿使擺蓮，

鴻門射雁沙灘墜，梅花攬手勢法完。

動作順序：

霸王舉鼎、雙手托塔、開山斧、跳步二起腳、青龍鬧海、臥地剪、仆地掃、馬步側推掌、水打車輪轉、連環抓踢、弓步推掌、三沖手捶、擊掌擺蓮、關公勒馬、震腳架打、陣破三關、大鵬展翅、三響二起、旋風騎馬勢、鑽地捶、提腿沖天炮、童子打虎、倒踢劈拳、擊掌擺蓮、鴻門射雁、織女耍剪。

第十二路　擒敵歸山門

歌訣曰：

雙臂舉鼎上青天，兩手托平奔肋間，
上步玉柱迎風站，背後劈敵倒陣前，
躍步肘腿敵難逃，撤身倒步一溜煙，
轉身接站騎馬式，跳起劈山下式閃，
掃腿招法千軍用，騎馬姿勢要站圓，
沖天捶出上下打，斜行搬敵倒下盤，
反身推出迎門掌，連環穿手緊相連，
單踢拍腳上下進，坐虎進攻敵下邊，
反身劈蓋人難防，轉身翻江把敵搬，
繃手擺蓮護腿進，進步切進腹腸間，
單掌推碑力要狠，開山出掌劈迎面，
巧子龍下掀敵倒，背後沖敵倒下盤，
左右沖敵難逃命，抽樑換柱馬步拳。

天鵝下蛋調步砸，轉身跳起劈雲煙，
掃腿招法千軍用，騎馬姿勢要站圓，

虛步跨虎山頭立，八步趕鑣起雲煙，

二起腳飛天邊躍，風卷霹靂上九天，

單掌獨立沖開路，跳踢躍勢拉單鞭，

跳步山上打猛虎，恨步翻江把敵搬，

繃手擺蓮護腿步，鴻門射雁落仙山，

兩手一揮梅花手，謝步請勢招法全，

離師雲遊出古寺，生擒拿敵再回山。

動作順序：

霸王舉鼎、雙手托塔、上步玉柱、關公勒馬、彈腿雙劈、弓步掠掌、馬步側推掌、大虎抱頭、前掃腿、併步上沖拳、雄鷹展翅、虛步亮掌、上步兩推掌、臥地打虎、張果老切瓜、關公勒馬、擊掌擺蓮、麒麟亮勢、併步架打、提膝推掌、燕子啄食、轉身三推掌、馬步沖掌、跳步虎抱頭、前掃腿、掃風掌、一化挎虎、提膝沖拳、八步趕鑣、二起旋風腳、燕子戲水、關公勒馬、擊掌擺蓮、鴻門射雁、織女耍剪。

第十三路　守院捶

歌訣曰：

雙肩舉鼎上雲端，兩手托平肋下穿，

上步玉柱亭前站，指路沖捶把敵觀，

跳踢扒打攻敵倒，連環炮打奔向前，

翻江回身搬敵倒，天鵝下蛋把敵鑣，

一調呂夫背後劈，進步肘腿敵腳掀，

回身天鵝來下蛋，左右用法都一般，

緊扣腳跟後鉤腿，腳飛銀河雙擺蓮，

向右出捶打猛虎，回身跳打緊相連，

跳步沖捶三打虎，跳起劈山下勢閃，

蹬山打出頂門炮，八步急行起雲煙，

二起腳飛天邊躍，風卷霹靂上九天，

一化臥式就地滾，二起腳飛躍天邊，

轉身接打旋風腿，繃手擺蓮前後穿，

兩掌揮動梅花手，謝步請勢招法全，

諸公若問拳名姓，十三路即守院拳。

動作順序：

霸王舉鼎、雙手托塔、上步玉柱、併步沖拳、左右開路、弓步架打捶、猛虎跳澗、左右三推掌、二起踩腳、武松斷臂、麒麟亮勢、雙手推窗、兩打猛虎、二起旋風腳、羅漢坐氈、合掌擺蓮、鴻門射雁、震腳踮步坐山、織女耍剪。

第二節　少林看家拳法圖解

第一路　開山拳

預備勢

兩足成「八」字站立，身胸挺直，兩臂自然下垂，兩掌五指併攏，掌心向下，掌指向前，目視前方（見圖1）。

1. 霸王舉鼎

兩腳不動，兩手同時向胸前方下按，掌心向下，掌距二寸，兩腿同時全蹲，然後起身，兩掌指相接，由下向上，架於頭上前方，掌心向上，目視兩掌（見圖2）。

【實用】：敵從前方向我頭部襲來，我急用於雙手從身

圖 1　　　　　　　圖 2　　　　　　　圖 3

前向上架開，或反手腕向上拿敵方雙手腕，擰斷敵手腕，使
對方失去戰鬥能力，獲得勝利。

少林寺高僧子安曰：

「雙臂舉鼎開上天，反手纏腕敵膽寒，

拿雲提月伸雙手，撥雲迎日火燒天，

著到何處何處中，方知舉鼎功妙玄。」

2. 雙手托塔

兩腳不動，兩手由上向下向後落至平肋時，向內旋腕，
由兩腋下向前穿出，兩掌變拳，由外向內在胸前崩拳，同是
震右腳，左腳向前上半步，兩腿微蹲成左虛步，目視兩拳
（見圖 3）。

【實用】：用雙掌穿向敵方肋處，使敵兩肋受傷、後退
敗陣。

少林高僧覺訓曰：

「雙手用力急如箭，直奔敵人兩肋間，

輕者擊敵跌當場，重者受傷命難全，

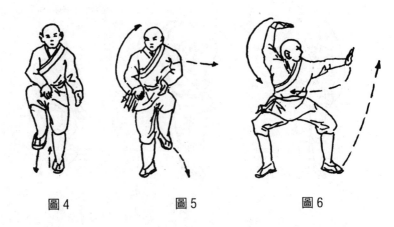

圖4　　　　　　圖5　　　　　　圖6

任你強敵千合勇，想近我身難上難。」

3.跳步拍打

左腳踏實，抬右腿提臉，用右手背擊打右大腿（見圖4），右腳落地，兩腳向前跳，抬左腳提膝，再用左掌背拍打膝蓋（見圖5），左腳下落於右腳左側一步，兩腿屈膝成馬步，左掌由胸前成正立掌向左推出，掌指向上，掌心向上，同時右手向外向上架於頭上方，掌心向上，目視左側（見圖6）。

【實用】：敵人用腳踢我膝蓋和腿部，我迅速翻掌，用手背拍打敵腳面，避開敵人攻勢，急提膝蓋抵擊敵小腹和襠部，如敵怕抵擊後退，然後又用雙手向我頭上抓來，我立即蹲身托架敵手，或者雙手抓住敵方，迅速舉起扔在一邊。

少林高僧了改曰：

「居士上船顯神通，穿花過柳快如風，
撥開敵腳提雙膝，抵擊撩襠肚腹中，
雙手抓住敵手腕，用力一提舉在空，

圖7　　　　　　　　　圖8

連防帶攻隨時用，甩手又把敵人扔。」

少林名家楊秀山曰：

「一路開山拳，功法非等閒，

九轉十八功，奧妙玄更玄，

任你大羅仙，難闖頭道關，

闖入頭道關，進退兩頭難，

想回退不出，想進難上前，

順利過得去，還得苦修練。」

4.彈腿沖拳

兩腳碾地，體左轉45度，抬左腳向左側彈踢，同時兩掌變拳，由前向後甩擊，目視左腳（見圖7）。左腳落地後，左腿屈膝左弓步，右拳向前猛沖，拳心向下，左拳抱於腰間，目視右拳（見圖8）。

【實用】：敵來攻我，我抬腿彈踢敵人小腹，敵如來手抓我腿，我急使左手外撥敵手，用右拳迅速擊敵胸腹、或者面門，使敵不得躲閃，連遭重擊，直至後退敗陣。

圖 9   圖 10

少林高僧本整曰：

　　「彈腿單踢力更添，弓步打捶奔胸前，

　　　腳手相隨連環打，緊逼敵人無法閃，

　　　撥風踢打敵難進，敗走脫逃一溜煙。」

5. 弓步前後推掌

　　抬右腳向左彈擺，兩拳變掌，左拳向右前方拍擊腳內側發出響聲（見圖 9）。右腳落於左腳前一步，屈膝成右弓步，右掌向後擺，同時左手向前推出，兩臂高於肩，左掌心向前，右掌心向後，目視左掌（見圖 10）。

　　【實用】：敵從前方來侵我，我用腳勾踢敵肋部，再用掌拍擊敵人耳部，敵如躲閃，我即用前後推掌攻擊敵方，用腿攔擋敵下盤，迫使敵方退步不及、仰面倒地。

少林高僧圓勝曰：

　　「勾踢掌打拉單鞭，腳踢軟肋掌打面，

　　　敵人閃身想退走，躍式推敵面朝天。

　　　敵如近身來打我，又如螻蟻蹬泰山。」

圖11

6. 旋風腳

雙腳起跳，體左轉180度，右腳向左旋擺，當全身騰空時，出左手向右拍擊右腳內側，右手向右側撩掌，目視右腳（見圖11）。

【實用】：在群敵圍困時，可用旋風腳，使眾敵不敢近身，再如敵從下邊攻時，可旋跳起、用掌打敵耳面部，腳踢敵頭部閃開敵人攻勢，以避開危險。旋風腳是騰空閃戰、連防帶攻的招法，也是武術中經常使用的高空旋轉動作。可以和二起腳配合使用，拳法中不可缺少。

少林高僧可改曰：

「旋風腳起似旋風，團團轉動起在空，

　群敵相攻難下手，高士想捉萬不能，

　任你多長六肢手，抓來摸去一場空，

　旋風腿法用得好，能避風險保性命。」

7. 馬步側推掌

接上動作，兩腳落地，體左轉90度，使兩腿屈膝成馬

圖12　　　　　　　　　　圖13

步，兩掌同時向兩側推出，掌心向外，掌指向上，目視前方（見圖12）。

【實用】：對付頑敵從側方橫打，穩固我方步法，避免跌倒。同時用雙掌或拳向兩側猛擊，使敵難近我身，是防中帶攻的招法，也是練站樁的重要招法，能使兩腿練出相等的力量。

少林高僧悟雷曰：

「馬步站樁如釘釘，雙掌一展左右沖，

任你強敵來攻我，全身氣力似鐵鐘，

左右進擊打不倒，前後推拉撼不動，

騎馬站樁玄功妙，成名還得數十冬。」

8. 閃門炮拳

兩腳不動，馬步不變，兩掌變拳，在胸前環弧，右拳向前下方揣擊，左拳由胸前向外向上畫弧，上架頭上前方，目視右方（見圖13）。

【實用】：敵從前下方用足踢我，上下同時用掌或拳打

圖 14　　　　　　　　　　圖 15

我，我迅速用拳砸擊敵人腳面，另一拳向上架開敵來掌或
拳，是用於防護敵人進擊的招法，也可以進攻敵人頭面、小
腹或撩襠部要害之處，擊敗對方。

79

少林高僧周福曰：

「閃門炮拳如打閃，上下防護避風險，

任憑強手難進取，反守為攻勢法變，

下擊要害上打臉，敵人想勝如登天。」

9. 野馬分鬃

抬右腿提膝，腳面繃直，兩拳變掌，由上向下拍擊兩側
胯部（響亮）。然後向兩腿下方後甩（見圖 14），上述動
作不停，兩掌變成勾手向後甩，右腳向側彈踢，目視右腳
（見圖 15）。

【實用】：敵從兩側用腳來踢我胯部，我用雙勾手向兩
側下掛，勾開敵腳，以免受擊，或者敵人從前邊來抱腰，我
急用雙手向兩側勾開敵手，急提膝蓋抵擊敵小腹或撩襠，使
敵人受傷敗陣。

圖16   圖17

少林高僧洪榮曰：

「提膝勾掛招法先，撥開來招急進前，

提膝抵擊敵人倒，用時方知有妙玄，

祖師傳下看家藝，大羅神仙也膽寒。」

10. 白猴望仙

右腳落於左腳右側一步，再抬左腳移於右腳後側一步，體稍向左轉，使兩腿成插步，然後兩腿全蹲成歇步，同時兩手在胸前擊掌（響亮）（見圖16）。起身，兩腿插步不變，兩掌由下向上，同時向頭部兩側抖掌，兩掌心向外，目視右側（見圖17）。

【實用】：坐下觀敵來勢，或者蹲身閃敵上攻，防止對方攻我耳部，是用於防護的招法。

少林高僧普便曰：

「白猴縮身望大仙，仙人坐洞蹲一盤，

穩坐山頭觀敵陣，護住雙耳如門關，

縮身如鼠緊防守，發身如虎戰一翻。」

圖 18

圖 19

11. 鴻門射雁

左腳不動，抬右腿向右外彈擺，雙手向右往左拍擊右腳掌外側（響亮）（見圖18）。

上動不停。右腳落於左腳右側一步，體左轉90度，右腿屈膝成右弓步，右手向前抓，然後變拳抱於腰間，同時左手由胸前向左側成正立掌推出，掌心向前，目視左掌（見圖19）。

【實用】：敵來手擊我，我用雙手上繃敵手，架開敵勢，接著速用腳尖擺踢敵肋部，是掩護我足踢敵的進擊法，或者一手抓拉敵手，另一掌向敵胸部或肋間進擊，使敵受傷敗陣。

少林高僧廣順曰：

「敵人伸手來進攻，我用繃手架在空，

急抬單足踢敵肋，重擊受傷去逃生，

又似黃忠射金錢，前推後拉開硬弓，

敵手一見心害怕，帳陣逃步一陣風。」

圖 20　　　　　　圖 21　　　　　　圖 22

12. 猛虎跳澗

體右轉 90 度，收右腳為虛步，同時右手向前推出，掌心向前，左手屈肘抱腰側，目視右手（見圖 20）。上動不停，右腳踏實，抬左腳向前向右側潑踢，同時，兩手由右向左後下方甩劈（見圖 21）。上動不停，左腳落於右腳後一步，兩腳同時起跳（身向右轉 270 度），兩腿成右弓步，左掌變拳，由左向右屈肘橫擊，右掌向外向上畫弧，架於頭上前方，拳心向前，目視左側（見圖 22）。

【實用】：敵用手我胸部，我急用一手抓敵腕，另一手抓肘部，向我側方猛拉，同時，下邊用腿拌敵腳，迫敵前傾倒地，敵從後方向我襲來，我急轉身用手劈開敵來勢，用腳踢敵肚腹，兩腿連貫跳踢，使敵無法招架：或者敵從後邊掃擊我下盤，我轉身跳起閃過敵方掃腿，雙腳連環踢敵頭面部，是防攻結合的招法。

少林高僧慶志整曰：

「走馬拌腳妙無窮，拌倒敵人敗下風，

圖 23　　　　　　　　　　　圖 24

　　猛虎跳澗起在空，搖頭擺尾抖威風，

　　回頭踢敵人難防，若被踢中難活命，

　　閃戰騰挪飛身腿，防下攻上應用靈。」

13. 飛身狐狸剪

　　左腳向後撤一步，以左腿為軸，兩手隨身按地，右腿向左掃半圈，體左轉 180 度（見圖 23）。上動不停，先將兩手移於右腿右下方按地，（左腿全蹲右腿仆地），兩腳同時抬起，身體向右翻轉 180 度，使兩腿成插步形臥地，左腳在上，右腳在下，使腿胯部著地，目視兩腳（見圖 24）。

　　【實用】：敵人上邊攻我太猛，我從下盤用掃堂掃擊敵人兩腿，使敵栽倒敗陣，或者撲地用夾腿剪夾倒對方，如敵想退走，我飛身趕上，用兩腿夾住敵腿用力一攪，迫敵跌倒，是敗中取勝的招法。

　　少林高僧玄魁曰：

　　「掃腿招法變化多，掃擊下盤人難躲，

　　　防高進低急妙迅，對手雖快難逃脫，

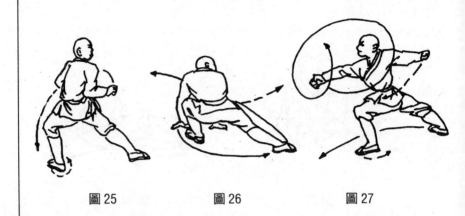

圖 25　　　　　　　圖 26　　　　　　　圖 27

84

緊接飛身狐狸剪，夾倒敵人活捉之，

　　看家一路下盤功，敗中取勝招法絕。」

14. 掃腿側沖拳

　　上動不停，起身，體右轉 90 度，兩腿變成左弓步，兩掌變拳，抱於腰間（見圖 25）。上動不停，體左轉 90 度，左腿全蹲，右腿伸直成右仆步，以左腳為軸，右腿向左掃一圈（見圖 26）。

　　起身，兩腿碾地，體左轉 90 度，兩腿屈膝成左弓步，兩拳由胸前同時向前後沖擊，拳心向左，目視右拳（見圖 27）。

　　【實用】：用於在群敵圍攻，不得脫身時，用下掃腿掃倒眾敵，衝出重圍，此時，腿上的功夫是關鍵，側沖拳則用於防守敵人從前後夾攻。

　　少林高僧祖欽曰：

　　「練成兩腿似金剛，被敵圍困在當場，

　　　萬般出在無其耐，蹲身使出下掃踹，

圖28　　　　　　圖29　　　　　　　圖30

群敵應聲被擊倒，腿斷骨折喊爹娘。」

15. 撥雲迎日

右腳前上一大步，兩腳碾地，體左轉90度，兩腿屈膝成馬步，右拳經前向上，架於頭上，拳心向前。左拳屈肘向內下方（見圖28）。再抬左拳架於頭左側上方，右臂屈肘向內下砸（見圖29）。體右轉90度，左腿前上一步成左弓步，左拳向前沖，右拳向後沖，目視左拳（見圖30）。

【實用】：敵來擊我胸部，我用拳輪，架撥在一邊，迅速上步用拳擊敵胸部，左右兩拳用法一樣。防中有攻，使敵人不得進攻，是連防帶攻的招法。

少林高僧靜紹曰：

「反車輪捶賽車輪，唯迎日月撥開雲，
　　能防能攻追擊快，對手心慌走真魂，
　　雙捶撥打向前進，形似猛虎入羊群。」

16. 踩踢鴛鴦腳

抬右腳向前踢，同時，右拳變掌，向前抓。然後屈肘後

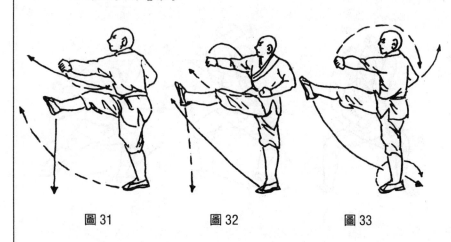

圖 31　　　　　　圖 32　　　　　　圖 33

縮，左拳向前沖擊（見圖31）。上動不停，右腳落地，抬左腳向前彈踢，左拳變掌，向前抓，然後屈肘收於腰間，沖擊右拳（見圖32）。

再彈右腳，沖左拳（見圖33）。上動不停，右腳向後落一步，體右轉180度。轉向後震右腳，成虛步，出右拳屈肘上沖，拳心向裡，右拳變掌，由左向右屈肘拍擊右手上臂。目視右拳（見圖34）。

【實用】：前邊用手抓敵人，接著用拳沖擊敵胸腹，下邊用腿擊敵人，兩拳和兩腳交替踢打，彈踢敵人，使對手無法還招直至敗陣逃跑。

少林高僧眞珠曰：

「手腳齊進向前攻，敵人忙亂難逃生，
　上邊抓打下邊踢，連環進取快如風，
　強敵一見心害怕，難防難架敗夢中，
　又名金剛童子腿，只要使開不落空」。

86

圖 34　　　　　　　　　　圖 35

17. 金龍抱玉柱

兩腳同時起跳，向前落成右跪步，同時，兩拳由前向上向後往前畫弧，然後再向前屈肘抱拳，目視前方（見圖35）。

【實用】：敵人從上方向我攻擊太猛，我即避強就虛，蹲身從下盤向敵進攻，用雙手抱住敵兩腿，用頭抵擊敵胸腹，迫敵仰天倒地，這是偷襲下三路的妙法，任敵力量勇猛也難免敗陣。

少林高僧海參曰：

「金成抱柱力無邊，雙手直走敵下盤，

　式如海下去尋針，白手拿魚心內歡，

　任他對方力量猛，四肢跌倒面朝天，

　以小治大急妙迅，一戰成功不平凡」。

18. 童子拜觀音

跪步不變，兩拳變掌，同時，向上向後繞頭側向前畫弧，變成金剛交剪式，屈肘架胸前下方，手指向上，右手在

圖36　　　　　　圖37　　　　　　圖38

外，目視兩手（見圖36）。

　　【實用】：如果敵人後退，企圖逃跑時，我雙手向上一展，上防敵人進手，同時跳步落到敵人身前，迅速蹲身用雙手抱住敵人小腿，用頭猛抵敵胸腹，至敵跌倒，或者敵用長兵器從上向我砸來，我用手架開敵人兵器，跳到敵前一戰成功。

　　少林高僧湛舉曰：

　　「童子躍步拜王，緊追敵手不相讓，

　　　上架敵手急進身，抱倒玉柱一根樑，

　　　弟子學會抱柱藝，終日把守佛廟堂，

　　　任他高士闖不過，難免現醜跌當場。」

　　19. 魚公倒划船

　　起身、抬左手由下向上向後畫，然後再抬右手向前方畫，同時右腳向後倒半步，左腿向前提膝（見圖37），接著左手由後上方向前下方畫弧，右手由前下方向後上方畫弧，抬左腳向後倒半步，提右膝（見圖38），依上法左右

圖 39

圖 40

89

再重作兩次，在左腳第三次後移時提膝，兩手由胸前同時推出，上體向左轉90度，右腿提膝，右掌心向前，左掌心向後，目視右掌（見圖39）。

【實用】：敵向我進攻，我力量不抵，即後退，用兩掌向兩邊上下翻飛，撥架敵人來勢，以取後退之路，或者被多人圍困，不得脫身，即左右撥打擊退群敵，退出重圍，是安全脫身的招法，有時也能敗中取勝，如敵人從側攻來，我用手一撥敵人上身，用腳下拌敵腿，敵即倒地。

少林高僧湛可曰：

「魚公划船左右展，護體防攻避風險，

如果戰場不取勝，左右撥敵退下邊，

雖然敗陣有玄妙，敗中取勝招法先，

側後兩邊敵來到，扒倒敵手倒街前。」

20. 八步趕鏟

左腳落於右腳前一步，抬右腿向前提膝（見圖40）。然後抬左腳上步提膝，左右連續上八步，在上步的同時，兩

圖 41 　　　　　　　　　圖 42

手由前向後向下往前趕兩手成車輪式上下前後旋畫（見圖41）。

【實用】：兩掌左右輪轉向後方斬劈，下邊雙足用力下扒地皮，把地下的土沙扒起向後甩出，有時飛越頭頂（只有雙足功夫深才能連土帶沙扒起來）雙手展開如兩口飛刀一般，在群敵中間向前沖擊，兩邊敵人不敢近身，上邊用兩掌向後展劈扒打，下邊用腿向前拌掃敵腿，一擊即倒，也是練習兩足和雙臂的有力的功法。

少林高僧淳錦曰：

「八走趕鏈羅漢功，戰鬥沙場顯威風，

兩掌翻飛如利刀，雙足扒土起在空，

連防帶攻向前闖，手腳齊進用力猛，

快走也能急趕上，敵若慢行難逃生。」

21. 二起旋風腳

接上動作，左腳不落地，抬右腳向前向上彈踢，當全身騰空時，出右手向前拍擊右腳面（響亮）。左手握拳抱於腰

圖 43

圖 44

間（見圖 42）。上動不停，右腳落於左腳外側，使兩腿成插步，再速起右腳向左轉身 360 度，跳步彈旋，當全身騰空時，出左手向左拍擊右腳掌內側，左手向右側撩打，目視右腳面（見圖 43）。

【實用】：二起腳的用法是跳起來用腳踢敵胸部或面部，用掌同時拍擊敵人頭部，敵如後退還能跳起趕上，是手腳齊進、上下進擊的招法，旋風潑腳用法同本路 11 圖。

少林寂聚高僧曰：

「二起腳飛躍天邊，直沖對方中上盤，

上打下踢無不中，敵人受傷叫連天，

任你對方退步快，將身一縱到前面，

空中竄跳如飛鳥，把守關卡神威顯。」

22. 馬步側推掌

接上動作，轉身後兩腳落地，體左轉 90 度，兩腿屈膝成馬步，兩手於胸前向兩側同時成正立掌推出，掌心向外，目視前方（見圖 44）。

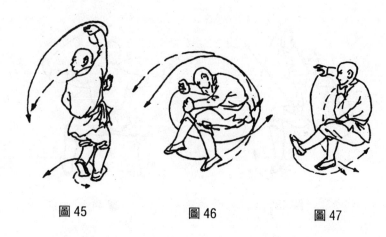

圖 45   圖 46   圖 47

92

【實用】：馬步側推掌的用法同本路 12 圖。

23. 一化臥勢

收左腳移於右腳內側成「丁」字步，兩腿半蹲，同時左手屈肘向胸右側推出，掌落右腋下，掌心向右，右手向外向上畫弧上架於頭上前方，目視左側（見圖 45）。

【實用】：此招是地下功法的準備動作，敵來攻時，我撤步閃過，主要用於防護閃戰。

少林高僧貞秋曰：

「一代臥式丁步觀，防身護體避風險，

敵人巨力來打我，移身閃戰在一邊，

任你敵手力量猛，想沾我身如登天。」

24. 青龍鬧海

左腳踏實，抬右腳前上半步，體左轉 90 度，兩腿全蹲，上身側伏（見圖 46）。上動不停，兩手屈肘環抱，右上臂與右肩先伏地，然後上體著地，並以其為軸，兩腿隨身向左彈旋，使全身在地上滾旋 360 度（見圖 47）。

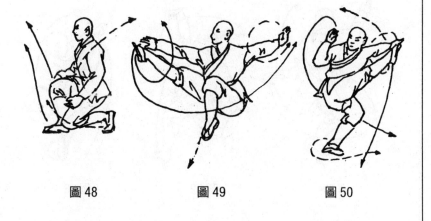

圖48　　　　　　圖49　　　　　　圖50

【實用】：敵人從高處擊我上部，我則滾到下邊攻敵下盤，或者和敵人搏鬥時被敵人打倒在地，可迅速滾在一旁用地功法勝敵，如果敗陣，也可用滾身退下戰場，地下的招法一般難追難拿，是苦功夫。

少林高僧貞方曰：

　「青龍鬧海地功法，前後左右地下扒，

　　轉動自如滿地滾，成名高士難拿他，

　　若還粗心大了意，難免腳下被他抓。」

25. 二起旋風腳

接上動作，滾旋翻身後，半起身，左腿跪地，右腿全蹲（見圖48）。先跳左腳，後抬右腳，向前向上彈踢，當全身騰空時，出右手向前拍擊右腳面（見圖49）。上動不停，右腳落地後繼續向左轉體180度、跳步，拍右腳向左彈擺，當全身騰空時，出左手向右拍擊右腳掌內側，目視右腳（見圖50）。

【實用】：用法同本路42圖至43圖。

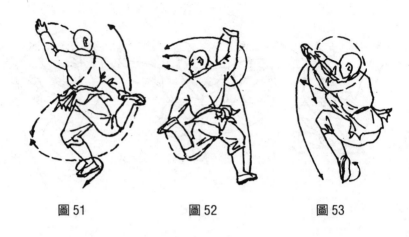

圖 51　　　　　　圖 52　　　　　　圖 53

26. 飛擺蓮

右腳落於左腳前半步，體左轉180度，抬左腳向後踹蹬，右手向後拍擊左腳掌內側（見圖51）。左腳不落地，以右腳為軸，體右轉180度，左轉身的同時，出左手拍擊左腳掌外側（見圖52）。然後兩手微屈肘在胸前鳴掌，再速抬右腳，向左轉身90度彈擺，當全身騰空時，兩手向前由右向左拍擊右腳面，目視右腳（見圖53）。

【實用】：用法同本路18圖，正、反同樣使用。

27. 鴻門射雁

接上動作，右腳向前落一步，體左轉90度，右腳屈膝成右斜弓步，右手向前抓，然後收於腰間，左手向胸前右側成正立掌猛推出，目視左手（見圖54）。

【實用】：此招又叫黃忠射箭、關公勒馬，用法同本路19圖。

28. 織女耍剪

抬右腳移於左腳前半步成虛步，體左轉90度，兩手由

圖54　　　　　　　　圖55

圖56　　　　　　　　圖57

外向內交合成下插手（見圖55）。上動不停，右腳後退半
步，體右轉90度，收左腳為虛步，同時兩手分開，再交合
於胸前成插手（見圖56）。上動不停，左腳向前上一步，
成左虛步，兩手在胸前同時向外旋腕，然後右手由下向上架
於頭上前方，左手由下甩擊成反勾後，目視前方（見圖
57）。

【實用】：敵來雙手抓我，我迅速用雙手抓住敵人手腕，猛一反攬，敵即栽倒。此乃四兩撥千斤之法，也是快速拿敵之法。

少林高僧寂袍曰：

「翻江攬海手，看家門戶守，

敵欲來攻我，伸出攬海手，

左右猛攬動，犯敵難逃步。」

少林高僧子安曰：

「祖師傳授看家拳，前後設下十三關，

一關傳授兩弟子，共有二十六羅漢，

一道開山第一卡，二道迎門萬古傳，

三蔫諸葛守三路，穿心捶守四道關，

五道關卡五夫掌，六道腿法使地盤，

七路看家梅花掌，八道使開捶連環，

九道關卡連環腿，埋伏掌守十道關，

撲地抓沙十一卡，十二擒敵山門前，

十三路捶守寺院，弟子欲逃比蹬天，

成名高士難闖進，龍虎不敢走山川，

育出良徒無其數，名冠武林萬代傳。」

第二路　迎門掌

29. 霸王舉鼎

文圖同一路 1 勢。

30. 雙手托塔

文圖同一路 2 勢。

31. 上步玉柱

圖 58　　　　　　　　　　　　　　圖 59

文圖同一路預備勢

32. 震腳沖天炮

右腳向右移一步。震腳，再抬左腳與右腳併步，同時兩掌變拳，在胸前環弧，右拳由下向上直沖擊，高於頭，左拳向右屈肘橫擊，目視右側（見圖 58）。

【實用】：敵用手攻擊我胸部，我則用手下斬敵人手腕，用腳踏敵足尖，另一拳直沖敵人下巴或鼻部，使敵失去戰鬥能力。對來敵之手必須先斬腕，迅速用拳沖擊對方要害之處，迫敵無法反攻。

少林名家馬希貢曰：

「沖天炮打不留情，一毒二狠三要命，

　　緊逼對方難還手，敗走脫逃一溜風。

33. 二郎擔山

抬左腳向左側上一步，體左轉 90 度，左腿屈膝成左弓步，兩拳變掌，同時向前後沖擊，掌心向外，目視左掌（見圖 59）。

圖 60　　　　　　圖 61　　　　　　圖 62

【實用】：如敵向我攻來，我用前臂向外猛一撐擊，同時下邊用腿拌住敵腿，敵即跌倒。後邊來敵攻我，我用右臂向後猛擊敵人，同時下邊腿拌敵腿，敵人也同樣栽倒在地。

少林高僧清蓮曰：

「搖頭擺尾一條龍，防守敵人雙夾攻，

　前邊搖頭撐敵倒，尾甩敵人敗下風，

　看家護院玄妙法，對方一見眼發楞，

　寺僧長年苦修練，看守古剎萬萬冬。」

34. 震腳三推掌

上右腳為虛步，右手向外向下再向內畫弧握拳，然後端於腰間，左掌向前推出，掌心向前，兩腿下蹲（見圖60）。右拳變掌，上右腳震腳成右弓步，同時推出右掌，左掌收回，端於腰側（見圖61）。

上動不停，抬左腳向前上一步，屈膝成左弓步，同時推左掌，收右掌（見圖62）。上動不停，左弓步不變，兩手回胸前畫弧，然後向前後分別推出，臂與肩平，兩掌心向

圖 63　　　　　　圖 64　　　　　　圖 65

外，目視右掌（見圖 63）。

　　【實用】：此勢是連貫進攻的招法。一般用於：在敵欲後退時，我則接二連三進擊，使敵無空還手只有招架後退，同時一掌護胸腹，一掌前穿敵肋，兩掌交換使用，如果怕敵跑掉，可用震腳踏擊敵腳尖，可增大威力。

　　少林如高高僧曰：

　　　「一步三殺急如箭，連環穿進敵肋間，

　　　　輕者擊敵敗下陣，重者性命難保全，

　　　　前人傳下驚人藝，留傳至今護寺院。」

35.織女耍剪

　　兩腳碾地，體右轉 180 度，成右弓步，兩手隨身向胸兩側掠劈，左掌變拳，目視右掌（見圖 64）。上動不停，抬右腳移於左腳後半步，體左轉 90 度，變左腳為虛步，兩手由外向內交合成下插手（見圖 65）。

　　上動不停，右手由下向上架於頭上前方，掌心向上，左手由下向上畫弧，再向下向後甩成勾手，兩腿微蹲，目視前

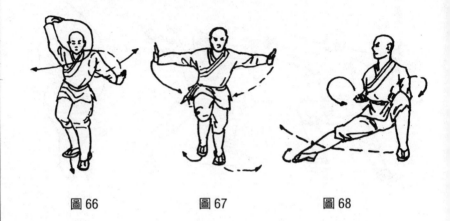

圖 66   圖 67   圖 68

方（見圖 66）。

【實用】：用法同第一路 55～57 圖。

36.大鵬展翅

左腳踏實，右腳向前上一大步屈膝成右弓步，左勾手變掌，兩手胸前向兩側同時推出，臂與肩平，掌心向外，掌指向上，目視前方（見圖 67）。

【實用】：是撥架來敵之手，準備踢擊對方的招法，當敵用雙手抓我肩，我用雙手從胸前向左右展開架撥敵手，抬腳踢敵，一戰成功。

少林玄慈高僧曰：

「大鵬展翅貫兩肩，撥開敵手取下盤，

　手腳相隨急妙迅，一戰成功必佔先」。

37.臥龍探爪

左腿向左跨一步，全蹲，右腿伸直成右仆步，兩掌向兩側環展後變拳，屈肘環抱於腰間，目視右側（見圖 68）。上動不停，起身，抬腿，向前彈踢，兩手抱於腰間，目視左

圖69　　　　　　圖70　　　　　　圖71

腳（見圖69）。上動不停，左腳下落成左弓步，兩拳從胸前向兩側前後同時擊出，拳心向左，目視右拳（見圖70）。

【實用】：敵攻勢猛烈，我則蹲身仆步閃開，或者抬足從下邊踢擊敵襠部，敵欲後退，我迅速落步用拳沖擊敵胸腹，同時另一拳沖向身後防止後邊來敵夾攻。

少林高僧淨樂曰：

「敵人凶猛向我攻，仆腿下式閃敵勇，

　抬足踢擊要害處，勢如電閃箭離弓，

　雖然小小技擊手，敵欲還招萬不能。」

38. 大虎抱頭

左弓步不變，兩拳回胸向左右兩側屈肘崩出，右拳心向下，左拳心向外（見圖71）。上動不停，兩腳同時起跳，向左轉體270度，落成右弓步，右拳由下向上，架於頭上右側，拳心向前，左拳由左向右屈肘橫擊，拳心向下，目視左側（見圖72）。

圖72　　　　　　　　　　圖73

【實用】：用法同第一路 22 圖。

39. 黑風卷海

體左轉，右腳前上一步，體再左轉 90 度，左腿全蹲，右腿伸直成仆步，兩手按於左腿左側地上，以左腳為軸，伸右腿由右向前，往後掃旋，體左轉 360 度（見圖 73）。

【實用】：用法同第一路 26 圖。

40. 馬步側推掌

接上動作，掃腿後起身，右腿向後一步，體右轉 90 度，兩腿分開屈膝變為馬步，兩掌向兩側同時推出，掌心向外，目視前方（見圖 74）。

【實用】：用法同第一路 12 圖。

41. 弓步三推掌

抬右腳向前一步，屈膝成右弓步，向前推右掌，掌心向前，左掌端於腰間（見圖 75）。

再抬左腳向前上一步，屈膝成左弓步，向前推左掌，收右掌端於腰間（見圖 76）。

圖74　　　　　　　　　圖75

圖76　　　　　　　　　圖77

　　弓步不變，兩掌向胸前環弧後，右掌向前，左掌向後，
同時推出，右掌心向前，左掌心向後，目視右掌（見圖
77）。

　　【實用】：用法同本路震腳三推掌，第61～63圖。

42. 湘子挎籃

　　兩腳碾地，體右轉180度，右腿屈膝成右弓步，右掌由

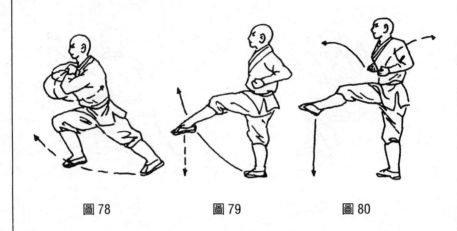

圖78　　　　　　圖79　　　　　　圖80

後方往前撩，彷彿抓物，然後變拳，內屈崩肘，稍低於肩，同時左手屈肘向右拍擊右上臂，視右肘（見圖78）。

【實用】：主要攻擊力量用在臂上，也可上挑敵臂，亦可下壓敵臂，與護肩相連貫使用，如敵從後邊來抓我肩，我用一手按住敵手，另一手猛力反臂向上一攬，翻身挑起敵臂，敵即被生擒。敵人若是臂力大，不能挑動，可以速用臂猛力下壓，至敵骨折投降。

少林高僧玄悲曰：

「敵方抓我面代歡，一心一意把我搬，

　反手使出拿人抓，按住敵手難逃竄，

　轉身用臂猛一挑，敵方疼痛喊邊天，

　用力一壓敵臂斷，跪地求生淚連連。」

43. 左右踢腿

抬左腿向前彈踢，然後落於右腳前，兩拳抱於腰間（見圖79）。然後再抬右腳向前彈踢，兩拳不變（見圖80）。

【實用】：左右兩腳交替使用，連貫踢擊對方。如踢敵

圖81　　　　　　圖82　　　　　　圖83

時一腳不中，再趕上一腳或者兩腳，連續踢擊三腳，必給敵以重創。要求進招快速迅猛。

少林高僧玄難曰：

「左右踢腳走連環，刻不容緩奔下盤，

若中敵腿骨折斷，當即栽倒面朝天，

輕踢敵腿當場痛，若想走脫比登天。」

44. 二郎擔山

右腳落於左腳前一步，同時屈膝成右弓步，兩拳向前後同時擊出，臂與肩平，拳心向外，目視右拳（見圖81）。

【實用】：用法同本路第59圖。

45. 前後推掌

抬左腳向前與右腳併步，兩拳由外向內環弧後，屈肘抱於胸前，兩拳相接（見圖82）。右腳向後退一步，左腿屈膝成左弓步，兩拳變掌，分別向前、後同時推出，目視右掌（見圖83）。

上動不停，弓步不變，左手由後向前直推，右手沿左掌

圖 84   圖 85

順左臂向腋下抹（見圖84）。上動不停，兩腳碾地，體向右轉180度，成右弓步，兩掌回胸前環弧，然後左掌端於腰間，右掌同時向前推出，目視右掌（見圖85）。

【實用】：用掌推敵面門，如果被敵抓住手腕，迅速用另一掌向前穿擊，推敵面門，迫敵撒手，或者用另一掌由前向後沿著被擒手腕後抹也可解脫，背後來敵攻我時，急轉身用掌推擊，也叫抹掌。

少林高僧湛可曰：

「抹掌招法妙更玄，解脫我手不費難，

破下對方再擊敵，飛掌奪向敵面前，

對方目昏難爭鬥，敗走脫逃一溜煙，

背後敵人攻擊我，回身推擊倒下盤。」

46. 羅漢張口

抬左腳向前上一步，與右腳成併步，然後右手由下向外向上舉臂推出，掌心向上，左手由上向下，屈肘橫端胸前下方，掌心向上，目視前方（見圖86）。

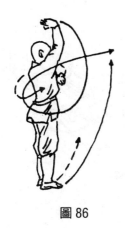

圖 86　　　　　　　　　　　圖 87

【實用】：敵如果用手襲我前胸，我即用雙手畫弧轉動撥開敵手，一手護住肚腹防敵進擊，另一手迅速向敵人面門推擊，或者用掌尖穿點敵人耳部、太陽穴等要害之處，擊敗對方。

少林貞方高僧曰：

「上步下步展羅漢，不怕敵手胡蠻幹，

　兩手穿劈斬敵腕，掌尖直奔面門穿，

　擊中對手迷方向，終究難逃我手間。」

47. 二起踩腳

先抬右腳，向前向上彈踢，當全身騰空時，出右手拍擊右腳面（響亮），左手端於腰間，目視右腳（見圖87）。

【實用】：此招是連貫進擊法。上步跳起一腳踢敵胸膛，一手拍擊敵頭面，迫敵招難架，敗陣逃跑。

少林高僧淳念曰：

「二起腳飛起在空，上打下踢兩處攻，

　敵手若中我的招，仰天跌倒地川平，

圖 88　　　　　　　　　圖 89

跟師學習看家藝，保護寺院得太平。」

48.前後推掌

接上動作，右腳下落於左
腳前一步，變成右弓步，右掌
由胸前推出，掌心向前，左掌
屈肘端於腰間，目視右掌（見
圖 88）。上左腳成左弓步，
向前推左掌，右掌收於腰間，
目視左掌（見圖 89）。上右
腳成右弓步，兩掌回胸前，向
前後同時推出，目視右掌（見
圖 90）。

圖 90

【實用】：我連環上步進擊，使敵手忙腳亂，在連連招
架中敗陣。此乃速戰速決招法。

少林高僧湛舉曰：

「上步穿擊連三箭，迅速勇猛似蛟龍，

圖91　　　　　　　　　　圖92

形似紫燕穿林過，又似獨龍出古洞，

連擊對方難還手，當即跌倒地溜平。」

49. 虛步撩掌

退右腳向後一步，變成左虛步，右腳由前向右向後上方撩劈，然後變拳，屈肘抱於腰間，左掌向前推出，兩腿微蹲，目視左掌（見圖91）。

【實用】：背後來敵攻擊，我急用掌向後劈擊，前邊如來敵攻我胸部，我回手擒住敵手肘，向後拉帶，使敵敗陣。

少林淳錦武僧曰：

「一掌劈擊身後邊，劈退敵人倒下盤，

前邊來敵雙手帶，伸手拉倒我側邊，

下邊使開走馬腿，敵手撲地到街前。」

50. 馬步崩陰掌

左腳踏實，抬右腳向左前斜踢，同時，右手向右後方甩劈，左手由前向後撩（見圖92）。右腳落左腳前一步，抬左腳前向右方蹬踢，左手由左向左後方撩劈，同時右手向左

圖 93　　　　　　　　圖 94

前方掠劈（見圖 93）。

　　上動不停，左腳移於右後方一步，體右轉 90 度，兩腿屈膝成馬步，左掌屈肘亮於胸前，右手由左向右撩劈目視右拳（見圖 94）。

　　【實用】：敵來擊我側方，我急轉身化開敵來勢，接著反手用背擊敵人襠部。本招易致敵畢命，使用時要慎重。

　　少林寂勤武僧曰：

　　　「反臂崩陰掌法凶，臂轉身搖下絕情，

　　　　反臂擊打敵要害，擊中對手難活命，

　　　　看家護院招法狠，戰敗多少英雄漢，

　　　　寺內弟子闖不出，想出寺院萬不能。」

　　51. 羅漢迎門掌

　　兩腳碾地，體右轉 90 度，收右腳為虛步，同時兩手在胸前環弧，左掌從左腋下掏出，向前成正立掌推出，掌心向前，右掌屈肘端於腰間，兩腿微蹲，目視左掌（見圖 95）。

圖95　　　　　　　　圖96

【實用】：敵來攻我胸腹，我一手抓敵手腕向身後帶，另一掌向前猛擊敵胸肋，使敵受傷敗陣。

少林武僧貞秋曰：

「敵人向我猛進攻，抓住敵腕不放鬆，

用力一拉向後帶，單掌推敵力無窮，

看家招法急如箭，用時方知有妙玄。」

52. 金雞獨立

上動不停，右腳踏實，左腿提膝，兩拳在胸前環弧，右掌變拳，向上直沖，拳心向左，左掌由上向下屈肘向右劈撩，掌落腋下方。掌心向外，目視前方（見圖96）。

【實用】：敵來擊我，我用雙手化開敵手，一拳擊敵頭面，一拳護我胸肋，或者用我拳擊敵人肋間的胸腹，提我膝抵擊敵襠和小腹，使敵重傷敗陣，亦或用肘頂擊敵心口胸肋處，三處一齊進攻，下邊腳踏敵足尖，使敵無法脫逃。

少林淳華武僧曰：

「搖化雙肘齊進招，金雞獨立佔上風，

圖 97

圖 98

　　提膝上打致命處，下傷二足難留情，

　　白猿偷桃急進取，左右用法一般同，

　　前人傳下玄妙法，擊中敵人性命傾。」

53. 燕子戲水

　　左腳落地，體右轉 180 度，抬左腳向右側彈擺，右手拍左腳內側，左手後撩（見圖 97）。左腳下落於右腳前方一步，體右轉 90 度，右腿提膝，同時，兩手在胸前環弧，右手從左臂內抽出向外向上畫弧，然後上架於頭上右側，左手向左展出成勾手，目視左側（見圖 98）。

　　【實用】：敵來攻我側邊，我用腳踢敵，如果敵人閃開，我急速用勾手擊打敵人頭面，或點擊敵人的太陽穴和雙目等處，前邊一手防護敵人進擊，下邊足踏敵足尖，在練功時，可以多練獨立樁。

　　少林武僧貞緒曰：

　　　「燕子戲水用功法，又如白猿獻果瓜，

　　　　上點敵頭擊眼目，下邊敵足被我踏，

圖 99　　　　　　　　　　圖 100

　　緊逼對方難還手，不是頭破即眼瞎，

　　前人傳下眞妙訣，名震武林揚天下。」

54. 就地拾金錢

　　右腳向右落一步，兩腳為軸，體左轉 90 度，右腳向前上一步，同時右手由上向下拍打右腳，左手向後甩成勾手（見圖 99）。上動不停，抬左腳向前上一步，出左手向前劈左腳上部，右手向後甩成勾手（見圖 100）。

　　【實用】：敵從後方向我襲來，我用足向後踢擊來敵，急速翻身用掌劈敵頭面，敵如後退，我再上步用另一掌劈敵胸腹，再進掌劈敵小腿和膝蓋或者腳面處，是三掌連貫劈擊的招法。

　　少林貞俊武僧曰：

　　　「連環劈掌上下翻，緊追對方不容寬，

　　　　縱有神手也膽怯，擊倒敵人直叫喚，

　　　　從師學習驚人藝，苦恆修練數十年，

　　　　古剎內外育高士，教出多少好英賢。」

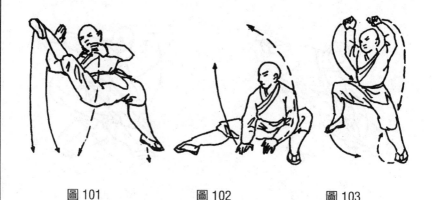

圖 101　　　　　圖 102　　　　　圖 103

55. 老虎出洞

抬右腳向左跳步彈擺。當全身騰空時，出兩手拍擊右腳面，目視右腳（見圖101）。上動不停，轉身後兩腿落成右仆步，同時，兩手向下按地（見圖102）。起身右腿屈膝成右弓步，兩掌變拳，由下向上向右側環頭擊出，上身向右側伏，目視右側前方（見圖103）。

【實用】：用空中彈擺踢擊敵頭部，敵後退閃躲，接著用掌打敵頭部，敵後退前傾身，我順勢用雙手抓敵，向下拉帶，如敵沒被摔倒，企圖向後掙脫，我雙手猛一推，將敵推出去倒地朝天，此是連拉帶推的招法。

少林武僧貞秋曰：

「空中彈擺躍半空，猛虎出洞令人驚，
　抓住敵人猛拉帶，拉來送去不留情，
　縱有神功千般硬，難免吃虧敗下風，
　看家功法其奧妙，弟子千萬要用功。」

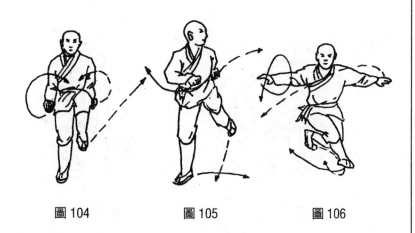

圖 104　　　　　　圖 105　　　　　　圖 106

56. 燕落沙灘

收右腳向內半步，抬左腳提膝，兩拳變掌，向兩側後方甩成勾手（見圖 104）。體左轉 90 度。左腳不落地向左側踹踢，兩掌環弧後變拳，抱於腰間（見圖 105）。上動不停，左側向左後方落一步，使兩腿插步，兩腿全蹲為歇步，同時兩拳變掌，由胸前向兩側展出，掌心向上，目視前方（見圖 106）。

【實用】：提腿磕膝的招法同一路 14 圖。坐盤平穿掌是敵從兩側上方向我發動進攻時，我迅速蹲身下坐，用雙掌穿托敵方襠部和小腹，擊退敵人，擺脫危困的招法。

少林高僧痛禪曰：

　　「練就掌指似鐵釘，敗中取勝要用功，
　　　雙掌一展兩邊擊，一指霹靂萬人驚，
　　　鐵打羅漢心害怕，銅鑄金剛魂嚇崩，
　　　前人傳下眞功法，留傳後世萬萬冬。」

圖 107　　　　　　　　圖 108

57. 青龍鬧海

接上動作，起身抬右腳，移於左腳內側半步，左腳變為虛步，體右轉 90 度，上身前伏，兩手向內屈肘亮於胸前方，準備全身伏地前滾（見圖 107）。上動不停，兩手先著地，向前滾翻，兩手變拳，頭略抬起，目視兩腳（見圖 108）。

【實用】：「青龍鬧海」用法同第一路 45～47 圖。

58. 二起旋風腳（文圖同一路 25 勢）

59. 飛擺蓮（文圖同一路 26 勢）

60. 鴻門射雁（文圖同一路 27 勢）。

61. 織女耍剪（文圖同一路 28 勢）。

少林名家郭慶方、郭名堂講：

「少林二路基本功，弓馬撲虛歇提丁，

前人傳下練功法，培育後人講成名，

但願弟子苦奮鬥，少林後代出英雄。」

圖 109

第三路　三薦諸葛

62. **霸王舉鼎**（文圖同一路第1勢）。

63. **雙手托塔**（文圖同一路第2勢）。

64. **上步玉柱**

（上接第一路動作第2勢）左腳踏實，抬右腳向前上半步，與左腳成併步，兩手同時向外向上。再向下按，然後變拳，拳心向上，目視前方（見圖109）。

【**實用**】：敵人來雙手抓我兩肩，我上步用雙手扒開敵手，用腳踏敵腳尖，同時胸部向敵猛貼過去，將敵撞倒地上。

少林武僧淳密曰：

「上步玉柱力撐天，頂風冒險迎面站，

雙手撥敵避風險，貼進敵人腳跟前，

內勁發起威力大，對方躍倒面朝天，

見面先發把敵制，一戰成功陣陣先。」

圖 110

圖 111

65. 仙童坐馬

抬左腳向右跨一步，體左轉 90 度，左腿屈膝成左弓步，兩手由前向後甩成勾手，目視前方（見圖 110）。

【實用】：敵來雙手抓我腰，我迅速用雙手勾開敵手，用足踏敵足尖，用胸向敵猛貼抵敵，或者兩邊來敵攻我，急上步勾開敵人攻勢，避開敵人攻擊，是攻防併用的招法。

少林武僧寂敬曰：

「勾摟招法力無邊，勾開敵勢避風險，

敵欲襲我兩邊撥，迎面貼進敵胸前，

全身功力猛一撞，對方跌倒面朝天，

苦練深功數十載，方知用法有效驗。」

66. 馬步單鞭

兩腳碾地，體右轉 90 度，兩腿屈膝成馬步，兩掌在胸前環弧後，向兩側同時推出，兩臂高與肩平，掌心向外，目視前方（見圖 111）。

【實用】：用法同第一路 12 圖。

圖112

圖113①

67. 弓步沖拳

兩腳碾地，體向左轉90
度，左腿屈膝成左弓步，兩臂
以肩關節為軸，分別由前向後
掄一周，然後右拳向前沖擊，
拳心向左，左拳抱於腰間，目
視右拳（見圖112）。

【實用】：用法同第一路
8圖。

圖113②

68. 連環彈腿

抬右腳向前彈踢，同時，右拳變掌向前抓，然後變拳，
抱於腰間，左拳向前沖出，拳心向下，目視左拳（見圖113
①）。右腳落於左腳前一步，再抬左腳向前彈踢，同時左拳
變掌，向前抓後變拳，屈肘抱於腰間，右拳向前沖擊，拳心
向下，目視右拳（見圖113②）。

【實用】：用法同一路31～32圖。

圖 114

圖 115

69. 弓步架掌

上動不停，左腳落右腳後方一步，體左轉 90 度，右腿屈膝，使兩腿成右弓步，同時兩拳變掌，右拳由下向上，架於頭右側上方，左掌由左向右橫推，亮於腋下，掌心向外，目視左側（見圖 114）。

【實用】：用法同一路 22 圖。

70. 童子送書

稍收右腳成馬步，兩手在胸前擊掌，兩掌心相對，然後以腕關節為軸，併掌由前向內向下，兩掌變拳，向前沖出，兩拳心向下，目視兩拳（見圖 115）。

【實用】：敵來雙手向我胸前抓擊，我迅速用雙手向上一拱架開敵手，接著變捶反腕沖擊敵人兩肋和胸部，迫敵後退。此招也叫反手捶打。

少林高僧洪溫曰：

「童子送書把手翻，直取對方胸肋間，

　　輕者擊敵仰面倒，重者傷筋骨折斷，

圖116

圖117

　　　　羅漢習就拱手禮，雙捶力量大無邊，

　　　　遭著何處何處中，方顯眞功有妙玄。」

71. 回頭觀陣

　　兩腳碾地，體左轉90度，右腳向前上一大步成右弓步，兩拳在胸前交插環弧變掌，右掌屈肘上沖，架於頭上，掌心向前，左掌向右屈肘橫擊，掌指向上立於右腋下，目視前方（見圖116）。

　　【實用】：當敵猛力進招，我無力還擊時，立刻斜身閃過對方進攻的正中線，接著從對方的側方出招反擊，這是避實就虛，危中取勝的招法。

少林武僧貞俊曰：

　　　　「對手向我來猛沖，閃開正中定橫中，

　　　　　強敵力大雖英雄，橫沖直打東落溜平。」

72. 二郎擔山

　　兩腳碾地，體向左轉180度，左腿屈膝成左弓步，兩掌由胸前同時向前後推出，左掌在前，右掌在後，目視左掌

圖 118 圖 119

（見圖 117）。

【實用】：主動配合掉捶使用。閃開敵方正面攻擊後，立即從敵人的橫線發招：臂攔敵身，腿擋敵腿，迫敵倒地，勢如龍騰。

少林武僧湛德曰：

「掉捶閃化敵正中，閃開猛力用橫沖，

調步斜行一條龍，搖頭擺尾抖威風，

上攔下擋猛一碰，對方跌在地川平，

閃化進攻同時用，何怕敵人藝業精。」

73. 震腳虎抱頭

兩腳同時跳起，向右轉 45 度，轉身後震右腳，左腿向左移一大步，右腿屈膝成右弓步，兩掌變拳，在胸前弧環，右拳向上向下架於頭前上方，拳心向前，左拳向右屈肘橫擊，拳心向下，目視左側（見圖 118）。

【實用】：用法用第一路 22 圖。

圖 120　　　　　圖 121①　　　　　圖 121②

74. 卷地黃風

接上動作，兩腿變成右仆步，兩拳變掌，隨身前伏下按於地，以左腳為軸抬右腿向左向後再向前掃一周，體左轉360度（見圖119）。

【實用】：用法同第一路 23 圖。

75. 馬步側沖拳

掃腿轉身後起身，兩腿屈膝成弓步，兩拳在胸前環弧，然後向兩側同時擊出，兩拳心向下，目視前方（見圖120）。

【實用】：用法同一路 11 圖。

76. 水打車輪轉

兩腳碾地，體左轉 90 度，左腿屈膝成左弓步，兩拳以肩關節為軸由前向後交替畫弧一周，右拳向前猛沖，拳心向下，左拳屈肘抱於腰間（見圖121①）。上動不停，弓步不變，依上法收回右拳，同時前沖左拳，目視左拳（見圖121②）。

圖 122　　　　　圖 123　　　　　圖 124

【實用】：用法同第一路 30 圖。

77. 震腳金固頭

抬右腳向前彈踢，右拳變掌，向前抓，然後變拳，抱於腰間，左拳向前猛擊，拳心向下（見圖 122）。右腳不落地，向右方彈踢，體右轉 90 度（見圖 123）。

右腳下落於左腳右側一步、震腳，左腳向前上一步為虛步，兩拳向下反擊於左大腿上部，然後向上環架於頭上兩側上方，拳心向裡，目視前方（見圖 124）。

【實用】：敵來手攻我胸部，我手腳齊發踢打敵人，敵從後邊向我襲來，我轉身用彎腳踢敵，敵人如閃身來手攻我，我急用雙手下撥敵手，猛向上反捶，擊敵人耳部，也可以跳步攻敵，雙手向下劈撥敵手，再向上反擊敵人太陽穴，制敵投降。

少林名家宋德聚、何秀奎講：

「雙風貫耳招法靈，擊中對方難活命，

下防上取君須記，拳掌用法一般同，

圖 125

圖 126

前人傳下玄妙法，戰場勝敵快如風。」

78. 鳳凰展翅

上動不停，左虛步不變，兩拳變掌，由上向兩側平展（見圖 125）。兩腳碾地，體左轉 90 度，上左腳為虛步，再以肘為軸，兩手同時向下內旋，然後變拳，屈肘抱於胸兩側，目視前方（見圖 126）。

【實用】：當敵人來手抓我時，急用雙手向上反抓敵人手腕，迅速抬腿踢敵腹部，或者架開敵手踢敵中部要害處，制服敵人。

武林高手沙寶玉講：

「雙手往上展，拿敵在面前，

下邊單足起，直踢敵腹間，

左右一樣使，擊敵妙無邊，

總有神通手，當場跌街前，

上邊擒拿手，下邊腿功先，

前人真絕藝，古剎守寺院，

圖 127　　　　　　　　圖 128

多少成名士，敗陣十三關。」

79. 馬步沖拳

兩腳碾地，體向右轉 90 度，兩腿屈膝半蹲成馬步，左拳向左猛沖，拳心向下，右拳抱於腰間，目視左拳（見圖127）。

【實用】：此招是連環進擊的捶法。一般當我方用拳擊敵，敵來拿我手腕時，我另一拳迅速擊出，輪流擊打，使敵人難抓難拿，而且受攻擊。

少林名家郭明堂、李春延講：

「少林抽樑換柱捶，出進收放擊來回，

　形如流星走馬燈，擊中敵人似沉雷，

　敵人若還躲閃慢，連連受擊中數捶，

　對手難防又難避，若中捶打如針錐。」

80. 順手牽羊

兩腳碾地，體向左轉 90 度，上右腿屈膝成右弓步，右拳變掌向前抓，然後變拳，抱於腰間，同時左拳收回再向前

圖 129

圖 130

沖擊，拳心向下，目視左拳（見圖 128）。

【實用】：用法同本路 127 圖。

81. 追蛇入洞

兩腳同時向前跳一步，落成右跪步，右拳由下向上再向內畫半弧，然後向前方揣擊，拳心向左，左拳由下向上架於頭上方，目視右拳（見圖 129）。

【實用】：敵人退走脫逃時，我雙足躍起趕在敵人面前，一拳上架防敵襲擊，另一拳直奔敵人膝蓋砸擊，使敵重傷倒地，可謂追敵妙法，在雙方對攻時，如果雙方都難以下手，也可跳到對方面前，用此方法攻敵下盤。

少林名家李春華、郭明揚講：

「下盤捶法變化多，姿勢低小無法躲，

跳躍行動如電閃，對方受傷被活捉，

若想闖過十三門，苦功還得十年多。」

82. 雙手推窗

起身，左腳向前上一步，體右轉 180 度，使兩腿成右弓

圖131　　　　　　　　　圖132

步，兩拳變掌，由胸前成正立掌向前推出，掌心向前，目視兩掌（見圖130）。

【實用】：背後來敵襲擊時，我猛轉身用兩掌推擊敵胸、腹部，下邊震腳踏敵足尖，此招又叫獨龍回頭，是快速反擊法。

少林名家馬希貢、郭慶方講：

「獨龍回頭力量強，背後推窗世無雙，

　足踏敵腳無法退，雙手推碑用力量，

　輕者擊敵身受傷，重者葬生命無常，

　嵩山古寺傳絕藝，看家護院是妙方。」

83.跳步雙推掌

兩腳碾地，體左轉180度，使兩腿成左弓步，同時，兩手向前正立掌推出，目視兩掌（見圖131）。

上動不停，兩腳碾地，體右轉180度，跳步成右弓步同時兩手向前成正立掌推出，目視兩掌（見圖132）。

【實用】：敵欲後退逃走，我跳步趕上，用雙手架開敵

圖 133　　　　　　　　圖 134

勢猛擊敵胸，同時下邊使腳踢敵腹部，落腳後踏擊敵足尖，
上下相隨、連踢帶打，是左右踢打、速戰速決的招法。

　　少林名家馬希貢講：

　　　「獅子搖頭左右忙，反正用法都一樣，

　　　　上架下踢君須記，猛力推窗望月亮，

　　　　雙掌用力千斤重，直奔敵方前胸膛，

　　　　敵人受傷難保命，當即跌倒地當陽。」

　　84. 轉身擺蓮

　　抬左腳向前上彈踢，出右手向前拍擊左腳面，左手屈
肘，向右橫穿於右腋前（見圖 133）。左腳落於右腳後一
步，體左腳 180 度，抬右腳向左擺腿，同時兩手向前由右往
左拍（見圖 134）。

　　【實用】：敵來手擊我前胸，我用一手下壓敵手，另一
手向前上方拍打敵人頭面，抬足踢敵肋部，使對手受傷骨
折，另一用法同一路 53 圖。

　　少林名家劉玉芳講：

圖 135　　　　　　　　圖 136

「單雲手式妙法強，單手壓敵撥一旁，

　接進十字上蓋掌，腳踢軟肋刻不讓，

　手腳齊進上下找，緊逼對手心內忙，

　前人留下少林功，遇到臨陣細思量。」

85. 仆地打虎

接上動作，右腳向後落一步，右腿屈膝全蹲成左仆步，兩手在胸前環弧，右手由下向上舉臂直推，掌心向上，左手由上向下向後甩成勾手，目視右拳（見圖135）。

【實用】：用法同本路118圖。

86. 金雞獨立

起身、右腳不動，收左腿提膝，兩手在胸前環弧後，兩掌變拳，右拳向上架於頭上，掌心向前。左手由上向下護右腋前，拳心向下，目視前方（見圖136）。

【實用】：用法同二路99圖。

圖 137

圖 138

87. 踢腿沖拳

左腳落於左側一步，體左轉
90度，抬右腿向前彈踢，同時左
拳向前沖擊，拳心向下，右拳抱於
腰間，目視左拳（見圖137）。右
腿落地，抬左腳和前踮跳一步，左
腳落於右腳前，使兩腿成左弓步，
同時左拳屈肘抱於腰間，右拳向前
直揣，目視右拳（見圖138）。

【實用】：用法同本路68勢。

88. 三掃腿

兩腳碾地，體左轉90度，兩
腿變為右仆步，兩拳變掌下按於左
腿右側下方（見圖139）。拍右腿
向左掃半圈（180度），然後收右
腿變左仆步（見圖140）。兩手按
於右腿右側，抬左腿向後掃半圈

圖 139

圖 140

131

圖 141   圖 142

（180度），上動不停，收左腳變為右仆步，兩手按於左腿右內側，抬右腿向左掃一圈360度（見圖141）。

【實用】：此招是連貫掃擊法，一腿掃去敵如逃出再趕上一腿，連掃三腿，掃敵倒地。此招難度較大，需十年以上功夫，才能應用自如。

武林名家蘆松高講（素法記錄）：

「掃腿招法走下盤，黑風卷起一溜煙，

  掃一再二連三腿，掃擊對方難逃竄，

  雙腿發力如鐵棍，閃電如飛急如箭，

  對手若中我的腿，當時栽倒筋骨斷。」

89. 馬步側推掌

起身，收左腳上成虛步，兩掌變拳，向前併沖，然後，微屈肘落於腰兩側，兩腿微蹲，目視前方（見圖142）。右腿與左腳同時向左前方跳躍一步，震右腳，然後抬右腳向左前方彈踢，兩手同時向後方甩劈成勾手，目視前方（見圖143）。上動不停，右腳不落地向左潑腳，體向右轉90度，

圖 143

圖 144

兩腿落成馬步，兩手由胸前
向兩側推出，掌心向外，目
視前方（見圖144）。

　　【實用】：用法同一路
12 圖。

　　90. 大虎抱頭

　　兩腳同時向右轉體跳步
（體右轉 90 度），兩腿落
成右弓步，右掌變拳，右拳
由下向上緩架於頭上方。左

圖 145

掌向內屈肘橫推，置於右側腋下，目視左側（見圖145）。

　　【實用】：用法同一路 22 圖。

　　91. 右掃腿

　　上動不停，向右翻身（180 度）跳步落成右仆步，兩拳
變掌按於左腳內側地下，以左腳為軸，抬右腿向左掃一周
（見圖146）。

133

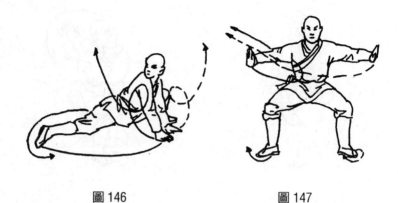

圖 146　　　　　　　　　圖 147

轉身後兩腿變為馬步，兩掌由胸前速向兩側推出，目視前方（見圖147）。

【實用】：用法同一路24勢和12勢。

92. 轉身左右推掌

兩腳碾地，體右轉90度，右腿屈膝成右弓步，兩掌由左後方隨身向右前方推出，掌心向前，目視兩掌（見圖148）。

上動不停，體左轉180度，右腳向前踮跳一步，落成左弓步，兩掌隨勢由後向前推出（見圖149）。上動不停，體向右轉180度，抬左腳向前踮一步，兩腿變成右弓步，兩掌由後向前推出，目視兩掌（見圖150）。

【實用】：用法同本路130至132圖。

93. 左右打虎

兩腳碾地，體左轉180度，右腳上一步成右弓步，兩掌變拳，左拳向前沖擊，右拳由下向上架於頭上前方，拳心向前，目視左拳（見圖151）。體左轉180度，左腿屈膝成左

圖 148

圖 149

135

圖 150

圖 151

圖 152

弓步，右拳向前沖擊，拳心向前，左拳由下向上架於頭上前
方，拳心向上（見圖 152）。

　【**實用**】：我一手架敵來勢，一拳沖擊敵人胸、腹部，
力量要猛、動作要快、左右打法一樣，上架下打連防帶攻，
兩側來敵都可擊退。

圖 153　　　　　圖 154　　　　　圖 155

著名武術家佟中義講（素法記錄）：

「左右打虎猛又剛，兩側擊敵賽風光，

捶擊人倒如閃電，鐵拳擊出似標槍，

總有萬夫不擋勇，若中我拳面發黃，

前人傳下驚人藝，看家守門式法強。」

94. 展翅連環腿

抬右腳向右側彈踢，體左轉 90 度，同時兩拳由內向外畫半弧，然後左拳屈肘抱於胸左上側，右拳由右向左橫擊，拳心向內，目視右腳（見圖 153）。右腳落地，體右轉 45 度，成右弓步，左拳向前猛沖，拳心向下，右拳由下向上架於頭上前方，拳心向前，目視左拳（見圖 154）。上左腳，抬右腿向前彈踢，同時兩拳變掌，向前後屈肘撩劈（見圖 155）。

【實用】：敵來腳踢我下盤，我用腳勾開敵腿，迅速回腳向敵踢擊，如果敵來右腳踢我，我也用右腳裡勾，然後回腳踢敵陰部，如果不想傷敵，我用左腳裡勾然後踢敵跨部，

圖 156　　　　　　　　圖 157

迫使敵投降。左右腳用法同樣使用。

少林寺僧貞方曰：

「對方用腳向我蹬，我抬腳尖快如風，

向裡勾開敵來勢，連環進攻不落空，

若想給敵致命傷，只須苦修此功法，

任他高明武林士，想脫勾連萬不能。」

95. 大虎抱頭

左腳後退半步，左轉身 90 度，跳步落成右弓步，右掌由下向上架於頭上前方，掌心向下，左掌由左向右前方橫空，目視後方（見圖 156）。

【**實用**】：用法同本路 118 圖。

96. 前掃腿

上動不停，左腿全蹲，右腿伸直變為右仆步，兩掌按於左腿內側地上，以左腳為軸，抬右腿向左（體左轉 360 度）掃一周（見圖 157）。

【**實用**】：用法同本路 119 圖。

圖 158　　　　　　　　　圖 159

97. 馬步側推掌

上動不停，收右腿，兩腿屈膝成馬步，兩掌回胸前，同進向兩側推出，掌心向外，目視前方（見圖158）。

【實用】：同本路120圖。

98. 戰腳陽掌

兩腳碾地，體左轉90度，抬右腿向前溜地前踢，同

圖 160

時，右掌變拳，由後向前屈肘前崩拳，拳心向上。左掌由左向右屈肘拍擊右肘上方（見圖159）。上動不停，右腳前落一步，抬左腳向前溜地前踢，同時左掌變拳，由後向前屈肘上沖，拳心向上，同時右變掌由拳後向左屈肘拍擊左肘上部，目視前方（見圖160）。上動不停，抬右腳向前踢，右掌變拳，由後向前屈肘沖擊，左拳變掌由左向右拍擊右肘上

圖 161

圖 162

部，目視前方（見圖 161）。

【實用】：敵來手攻我胸腹，我一的封住敵來勢，另一拳向敵肋間或腹部挑擊，在下邊用腳拌敵人小腿，攻防並進、手腳齊發、左右夾攻、追逼對方，直至敵人敗陣投降。

少林武僧貞秋曰：

　　「對手攻在我面前，三把搓腳用在前，

　　　上封下挑擊敵腹，腳下拌擊走下盤，

　　　接二連三連環進，對方逃跑敗下邊，

　　　古寺修練玄功法，看家護院有效驗。」

99. 仙女散花

兩腳碾地，體左轉 90 度，抬左腳移於右腳後外側半步，使兩腿成插步，兩腿全蹲成歇步，右掌變拳，與左掌在胸前環弧，然後向兩側同時展出，兩掌心向前，目視右側（見圖 162）。

【實用】：用法同二路 106 圖。

圖 163　　　　　　　　　　　圖 164

100. 馬步側推掌

起身，兩腳碾地，體左轉 90 度，兩腳同時起跳，抬右腳向左轉身 180 度，旋擺，當全身騰空時，左手向右拍擊右腳掌內側（見圖 163）。

上動不停，右腳落地後向左翻身跳步，（體左轉 180 度）兩腿屈膝成馬步，兩掌同時向兩側推出，目視前方（見圖 164）。

【實用】：用法同一路 11 圖至 12 圖。

101. 弓步架打

兩腳碾地，體向右轉 90 度，右腿屈膝成右弓步，左拳向前沖擊，拳心向下，右拳由下向上速架於頭上前方，目視左拳（見圖 165）。

【實用】：用法同本路 151 圖。

102. 併步扣捶

右腳後退一步，兩腳碾地，體右轉 180 度，抬左腳向前上一步，與右腳併步，兩拳由兩側向內屈肘扣擊於胸前，拳

圖165

圖166

心向內，目視前方（見圖166）。

【實用】：敵來手擊我肋部，我雙肘護肋，雙拳護胸，或者敵來抓我胸部，我用兩拳砸擊敵人手背或手腕，是防敵攻擊招法，也可避敵反攻。

少林名家徐敏武講：

「扣捶之法護胸懷，又如抱月防敵來，

　敵來抓擊我胸肋，雙捶砸擊敵難挨，

　連防帶攻扣捶法，護住身體少受害，

　前人傳下護身法，多練萬遍不為壞。」

103. 燕子斜飛

抬左腳向後拉一大步，兩腳碾地，體左轉180度，上右腳屈膝成右弓步，兩拳變掌，在胸前環弧，然後同時向前後成正立掌推出，右掌在前，左掌在後，兩掌心向外，目視右掌（見圖167）。

上動不停，右腳後退一步，體右轉180度，右腿屈膝成右弓步，右手由左向下，往前撩，然後向前展臂推出，掌心

圖 167

圖 168

向外左，手向後展臂推出，掌心向外，目視右掌（見圖168）。

【實用】：用法同一路 10 圖和二路 81 圖。

104. 一化鎖籃

上動不停，體稍左轉，上左腳成虛步，兩手回胸前環抱，右手向前撩劈，左手向後甩成勾手，兩腿微蹲，目視前方（見圖169）。

【實用】：敵來手擊我前胸，我一手抓勾敵來勢向身後帶，用腿向前虛步擋敵腿，敵即倒地，如不倒再用另一拳擊敵耳部，連連進攻，迫敵倒地。

少林武僧淳密曰：

「挎虎鎖籃虛步靈，搬攔描手不落空，

牽動四兩撥千斤，拉倒對手如拔蔥，

對方攻力大又猛，場場難逃我手中，

小小招法前人授，後人研練萬萬冬。」

圖 169

圖 170

105. 猴子拉犁

接上動作，兩手不變，抬左腳向前踮跳一步，左腳隨即抬起，向前懸翹（見圖 170）。或者右腳不落地，又抬右腳向前踮跳一步，然後再抬右腳跳一步。

【實用】：後手勾撩敵手，前掌推擊敵胸肋，下腳拌敵腿，如果敵不倒再向前踮一步，或者連踮三步、勢勢緊迫、敵必倒無疑；同時與對手戰鬥時前掌護胸，勾手防身後來敵，踮步又可助腳下力量。

少林武僧淳密曰：

「猿猴拉犁一陣風，緊追對方不放鬆，
　兩方對攻戰當場，護前守後足下行，
　任你高手武林士，想佔上風萬不能，
　以計代勞護住懷，戰鬥千合總得平，
　敵若粗心大了意，後掃轉動即成功，
　祖師眞功學在手，三薦諸葛守門封。」

圖 171

圖 172

106. 後掃腿

左腳踏實，右腳向後撤一步，體右轉 90 度，使兩腿成右仆步（見圖 171）。以左腳為軸，伸右腿向後向左掃半圓（180 度）成右仆步，目視右側（見圖 172）。

【實用】：用法同本路 140 圖。

107. 金雞獨立

上動不停，起身，左腿提膝，右掌由下向上架於頭上前方，左拳向左方甩成勾手，目視左側（見圖 173）。

【實用】：用法同二路 96 圖。

108. 鴻門射雁

左腳落地，變成右弓步，兩手由外向內在胸前屈肘合擊，然後左掌向左側推出，右掌立胸下右側，目視前方（見圖 174）。

上動不停，抬右腳向左轉身騰跳，體左轉 360 度，當全身騰空時，出左手拍擊右腳內側。左手隨身勢向左屈肘上撩（見圖 175）。

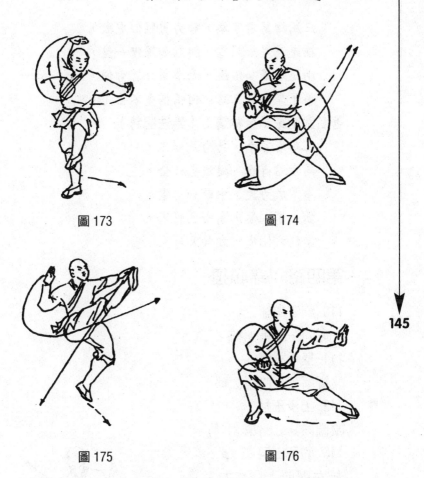

圖 173

圖 174

145

圖 175

圖 176

上動不停，騰跳轉身後變左仆步，同時左手向左側推出，右掌變拳抱於腰側，目視右手（見圖176）。

【實用】：用法同一路 27 勢。

109. 織女耍剪

文圖用法同一路 28 勢。

武術大師蔡桂勤講：（素法記錄）

「三薦諸葛看家拳，發力勇猛似虎歡，

　捶走流星如閃電，腳動如風鑽一盤，

　兩腿踢掃如鐵棍，兩拳擊發冒青煙，

　弟子學會第三路，何怕擂臺不佔先。」

著名武術家馬金林講：（素法記錄）

「三路看家拳，功力是非凡，

　馬步站得穩，腿法樣樣全，

　拳掌威力大，中敵如雷電，

　嵩山驚人藝，高士也膽寒，

　學到方休處，方知天外天。」

第四路　穿心捶

110. 霸王舉鼎

文圖同一路第 1 勢。

111. 雙手托塔

文圖同第一路第 2 勢。

112. 上步玉柱

文圖同第二路第 31 勢。

113. 豹子出洞

抬左腳前上一步為左弓步，兩手同時由前向後甩成勾手，右腿蹬直，目視前方（見圖 177）。

【實用】：用法同三路 110 圖。

圖 177

圖178

圖179

114. 馬步側推掌

抬右腳向前一步，再上左
腳成併步，兩手同時由外向內
上插抱於胸前，兩掌貼兩肩，
目視前方（見圖178）。

上動不停，抬左腳向左移
一步，兩膝半蹲成馬步，兩掌
用力向兩側同時推出，掌心向
外，目視前方（見圖179）。

【實用】：用法同三路
111圖。

圖180

115. 上步沖拳

上動不停，以兩腳為軸，體左轉90度，左腿屈膝成左
弓步，兩手變拳，以肩關節為軸，先右手，後左手由前向後
掄臂一周，然後，右拳向前上沖，拳心向左，左拳向左掄臂
後屈肘抱於腰側，拳心向上目視右拳（見圖180）。

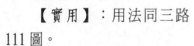

圖 181　　　　　　　　圖 182

【實用】：用法同三路 112 圖。

116. 連環抓踢

　　兩腳不動，右拳變掌，猛前抓，然後變屈肘抱於腰間，同時抬右腳向前彈踢，出左拳向前沖擊，拳心向下（見圖 181）。

　　上動不停，右腳下落左腳前一步，抬左腿向前彈踢，左拳變掌向前抓，然後變拳屈肘抱於腰間，右拳向前猛沖，目視右拳（見圖 182）。

【實用】：用法同一路 31 至 32 圖。

117. 弓步架掌

文圖第三路第 69 勢。

118. 童子送書

文圖同第三路第 70 勢。

119. 回頭觀陣

文圖同第三路第 71 勢。

120. 二郎擔山

文圖同第三路第 72 勢。

121. 震腳虎抱頭

文圖同第三路 73 勢。

122. 卷地黃風

文圖同第三路 74 勢。

123. 馬步側推掌

文圖同第三路 75 勢。

124. 水打車輪轉

文圖同第三路 76 勢。

125. 震腳金固頭

文圖同第三路 77 勢。

126. 鳳凰展翅

文圖同第三路 78 勢。

127. 彈腿沖拳

文圖同第三路 79 勢。

128. 順手牽羊

文圖同第三路 80 勢。

129. 追蛇入洞

文圖同第三路 81 勢。

130. 雙手推窗

文圖同第三路 82 勢。

131. 虛步陽掌

左腿退後一步，體左轉 90 度，右腳向前上成右弓步，右拳向外旋腕屈肘上沖，拳心向裡。左拳變掌由左向右屈肘橫托，掌護右肘尖下，掌心向上，目視前方（見圖 183）。

圖183　　　　　　　　　圖184

【實用】：敵來攻我前胸，我一拳上挑敵人來勢，另一拳準備進攻敵人中盤。

少林寂敬武僧曰：

「虛步陽拳用眼瞧，上捶挑架下捶撩，

　緊防對方來攻擊，小心門戶要守牢，

　任你對手千般妙，若近我身也難逃。」

132. 震腳沖拳

右腳向後半步震腳，體右轉90度，抬左腳向前上步，屈膝成左弓步，左掌心前方推擊，掌心向前，右拳橫架頭上左側，目視左掌（見圖184）。

【實用】：敵來攻我前胸，我一手上架敵來勢，迅速上步震腳踏擊敵人足尖，敵如果後退閃過，再用另一拳沖擊敵胸肋部，再如和敵人交手時，先用一拳上架，防止敵來襲擊，另一拳沖對方中部，或側肋要害處，並且腳步也要快速敏捷，上下協調一致，一戰成功。

圖 185

圖 186

少林武僧寂聚曰：

「進步通捶力要加，腳下用力把根墊，

　進身行動如閃電，架開來勢中盤發，

　捶去人倒力量狠，仰面朝天敵躺下，

　穿心捶法要敵命，成名高士也害怕。」

133. 大虎抱頭

兩腳同進起跳，體向右轉 90 度，兩腳落成右弓步，兩拳在胸前環弧，右拳向上架於頭上右側，拳心向前，左拳向右屈肘橫擊，拳抱腰右側，拳心向裡，目視左側（見圖185）。

【實用】：用法同三路 118 路。

134. 後掃腿

收左腿屈膝全蹲，右腿仆地伸直，成仆步，並以左腳為軸，抬右腳向後向左掃一圈，（體左轉 360 度）（見圖186）。

【實用】：用法同三路 119 圖。

151

圖 187   圖 188

152

135. 馬步側沖拳

文圖同第三路 75 勢。

136. 震腳卡倉

震右腳，體右轉 90 度，再抬左腳向前一步，左腿屈膝成左弓步，然後兩拳變掌，由身後兩側向前屈肘擠卡，成插手，兩掌心向外，目視前方（見圖 187）。

【實用】：敵來手擊我胸腹部，我用一手向下拍擊敵手，撥開敵來勢，急進步震腳上步，用一手托敵後腰或胯部，另一掌向敵人腹部推擊，同進我方身體擠近敵身，敵後退難逃必受攻擊。此招能致敵嘔吐，身受重傷，甚至畢命，出招時要慎重。掌和拳用法相同。

少林清倫武僧曰：

> 「卡倉妙法猛又強，狠步擠進敵腹腸，
>
> 輕者當時跌在地，重者當場一命亡，
>
> 看家護院切慎使，誤傷弟子難參祥，
>
> 如若誤傷好弟子，少林古寺有妙方。」

圖189　　　　　　圖190　　　　　　圖191

137. 潑腳甩劈

上動不停，右腳上一步落左腳前一步，抬左腳向左側前方潑踢，同時兩手由右向左甩，目視左腳（見圖188）。

【實用】：用法同二路91至92圖。

138. 馬步側推掌

左腳落右腳左側一步，使兩腿成馬步，兩手向兩側同時推出（見圖189）。

【實用】：用法同三路144圖。

139. 彈腿劈掌

抬右腳向前方潑踢，兩手向前斜劈，目視兩手（見圖190）。

上動不停，右腳落於左腳左側一步，兩腿半蹲成馬步，兩手由胸前同時向兩側推出，掌心向外，目視前方（見圖191）。

【實用】：用法同137勢和138勢。

圖 192

圖 193

140. 轉身虎抱頭

右腳移於左腳前一步，震腳後（體左轉 90 度），右腿屈膝成右弓步，右掌變拳在胸前畫弧，然後，由下向上架於右側，拳心向左，左掌由左向右屈肘橫穿，目視左側（見圖192）。

【實用】：用法同一路 22 圖。

141. 掃腿沖拳

左腳向前上步全蹲，右腳向右成仆步，右拳變掌，與左掌同時按於左腿兩側地上，然後以左腳為軸，右腿向左往後掃一周，目視右側（見圖 193）。

上動不停，起身，兩腿變成馬步，兩掌變拳，同時向兩側沖擊，目視前方（見圖 194）。

【實用】：用法同一路 24 圖和 12 圖。

142. 前後沖拳

兩腳碾地，體左轉 90 度，右腳前上步屈膝成右弓步，右拳由右前方沖擊，左拳向後甩擊（見圖 195）。

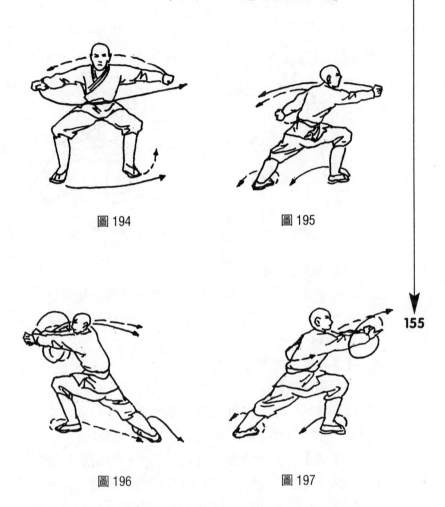

圖194

圖195

155

圖196

圖197

抬兩腳向前踮跳一步,體左轉180度,兩腿變成左弓步,兩拳同時向前方沖擊,目視兩拳(見圖196)。

兩腳碾地,體右轉180度,上右腳成右弓步,兩拳由後前方沖擊,目視兩拳(見圖197)。

【實用】:用法同三路148~150圖,掌拳用法相同。

圖 198

圖 199

143. 馬步右沖拳

兩腳碾地，體左轉 90 度，震右腳然後兩腿變馬步，右拳向右側沖擊，拳心向下，左拳屈肘抱於腰間，目視右拳（見圖 198）。

【實用】：用法同 79 勢。

144. 羅漢鐵臂

兩腳碾地，體左轉 90 度，左腿屈膝成左弓步，左拳屈肘上沖，右拳向前砸擊左肘，目視右拳（見圖 199）。

【實用】：敵來拳擊我胸腹，我用一臂向敵手猛力下壓，把敵手壓在下邊難以反攻，接著快速出拳從上向下砸擊敵人頭面部，腳步也隨身體轉動，再如，敵來攻我時，我先用一臂向敵人胸前猛壓，使敵人不得上翻進攻，隨後速出另一拳擊向敵胸腹處，使對方受傷後退，仰面跌倒。

少林一貫禪師曰：

「敵人抬頭望上邊，上邊下來天鵝蛋，

不左不右砸得準，正砸敵人鼻子尖，

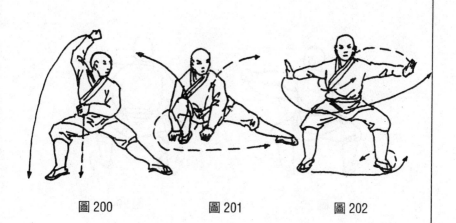

圖 200　　　　　　圖 201　　　　　　圖 202

157

擊中面部如火燒，鮮紅熱血往外竄，

輕者也得下戰場，重者頓時面朝天，

貧僧一見心歡喜，鼻青面腫實難觀，

不輕不重也敗陣，醫好臉面也怯戰。」

145. 大虎抱頭

震右腳，抬右腳向前上一步，體左轉 90 度，使兩腿成右弓步，兩拳在胸前環弧，右拳由下向上架於頭上前方，左拳由左向右屈肘橫擊，掌落右腹外側，拳心向裡，目視左方（見圖 200）。

【實用】：用法同三路 118 圖，各個方向用法相同。

146. 掃腿騎馬式

接上動作，右腿全蹲，左腿向左伸直成左仆步，兩拳變掌，下接於右腳兩側，然後左腿向後向右掃一周，目視左側（見圖 201）。

上動不停，掃腿後起身，兩腿成馬步，兩手同時向兩側推出，目視前方（見圖 202）。

圖 203

圖 204

【實用】：用法同三路 119〜120 圖。

147.撐肘沖捶

兩腳碾地，體左轉 90 度，抬右腳向前上一步，再左轉 90 度，使兩腿成馬步，右掌變拳，向右側沖擊，左拳屈肘拖於腰間（見圖 203）。

馬步不變，兩拳同時向內屈肘撐拳，目視前方（見圖 204）。

兩腳碾地，體向右轉 90 度，右腿屈膝成右弓步，左拳向前沖出，拳心向下，右拳屈肘抱於腰間，目視左側（見圖 205）。

【實用】：敵人從我兩側來抓我臂，我腳下生根，用雙肘向外猛撐擊，敵即後退不敢近身。是防護破敵的招法。

少林如靜法師曰：

「恨步雙撐力量強，馬步墊跟似鐵椿，

雙臂一合猛攔勁，肘抵對方跌當場，

馬步雙肘如利刀，擊中對方身受傷，

圖205　　　　　　　　圖206

前人傳下看家功，苦修苦練守廟堂。」

【實用】：用法同一路8圖，正反方向用法相同。

148. 併步扣捶

兩腳碾地，體左轉180度，抬右腳向前上一步，與左腳併步，兩拳由外向內環弧，在胸前屈肘扣捶，拳心向裡，拳頭相接，目視兩手（見圖206）。

【實用】：用法同三路166圖。

149. 二郎擔山

抬右腳向前下一步，體左轉180度，使兩腿成左弓步，兩拳變掌，由胸前向前後展臂推出，掌心向外，目視左掌（見圖207）。

【實用】：用法同二路59圖。

圖207

圖 208　　　　　　　圖 209

150. 燕子斜飛

兩腳碾地，體右轉 180 度，兩腿成右弓步，右掌由後前上方劈撩，掌心向左，左手由前沿右手的前臂向後抹掌，目視右掌（見圖 208）。

上動不停，兩腳碾地，體向左轉 180 度，左腿屈膝成左弓步，兩手回胸前環弧，進向前後推左掌在前，右掌在後，目視左掌（見圖 209）。

【實用】：用法同三路 168 圖。

151. 一化鎖籃

兩腳碾地，體右轉 90 度，抬左腳移於右腳外側半步，手回胸前環弧，左手由胸前向後甩成勾手，右手向上畫半弧，然後屈肘豎胸前，掌指向上，兩腿微蹲，目視前方（見圖 210）。

【實用】：用法同三路 169 圖。

152. 猴子拉犁

接上動作，右腳踏實，兩手不變，抬右腳向前踮跳一

圖 210　　　　　圖 211　　　　　圖 212

步，左腳落右腳前，目視右手（見圖 211）。依上法再抬右
腳向前踮跳兩步。

【實用】：用法同三路 170 圖。

153. 朝天踢

抬左腳用力向上方彈踢，同時，兩手向胸兩側斜推，兩
掌心向外，目視右腳（見圖 212）。

【實用】：一手撥開敵來勢，急抬腿蹬敵胸腹部，另一
掌也可撥敵勢、亦可擊敵頭面、耳部，使敵不好招架，手腳
齊進；再如用雙手向對方面部一展，封閉敵視線，同進抬腳
踢敵下頜和胸口處，使敵敗陣。朝天腿是踢高的腿法，沒有
深功夫是不能一足勝人的，高踢是危險的腿法，要謹慎使
用。

少林武僧寂袍曰：

「朝天踢腿有眞功，重擊敵方不脫空，

雙掌一展封敵目，抬起單足一腳蹬，

對方一見心害怕，敗走逃跑一溜風，

圖 213　　　　　　圖 214　　　　　　圖 215

前人傳下千斤腿，把守寺院萬萬冬。」

154. 馬步側推掌

右腳落左腳前一步，抬右腳向前震腳，然後再抬左腳向左橫跨一步，使兩腳成馬步，兩手同時向兩側推出，目視前方（見圖 213）。

【實用】：用法同本路 189 圖。

155. 轉身擺蓮

兩腳不動，兩手向上在胸前合擊，然後以腳為軸，抬右腳向前往左彈擺，體左轉 270 度，同時兩手向前由右往左拍擊右腳面，目視兩拳（見圖 241）。

【實用】：用法同一路 26 勢。

156. 關公勒馬

接上動作，右腳向前下方落地，體左轉 90 度，左腳向左成仆步，左掌向左推出，右掌變拳抱於腰間，目視左掌（見圖 215）。

【實用】：用法同一路 27 勢。

157. 織女耍剪

文圖同一路 28 勢。

少林貞續大師曰：

「看家拳法祖師傳，直到現在有千年，
　弟子研練下苦功，練出多少英雄漢，
　寺內弟子學此藝，看守寺院避風險，
　寺外良徒練此藝，為民造福保江山。」

少林弟子徐勤龍講：

「少林功，下苦功，持恆練，不脫空，
　尊師言，敬老翁，品德高，講武風，
　取眾長，定成功，前人藝，永繼承。」

第五路　五夫掌

158. 霸王舉鼎　文圖一路第 1 勢。
159. 雙手托塔　文圖第一路第 2 勢。
160. 上步玉柱　文圖第二路第 31 勢。
161. 麒麟亮勢

兩腳碾地，體左轉 90 度，左腳變為虛步，兩手合胸前環弧，右手由胸前向上向後，再由後向前畫弧，屈肘撩掌，落於右肋下側，掌心向上，左手屈肘抖腕，掌豎胸前上方，掌心向前，兩腿微蹲，目視前方（見圖 216）。

【實用】：敵從後方向我襲來，我後拉步用腳踏敵腳尖，用掌劈敵頭，在戰鬥時如被圍困在君敵之中，要先劈背後之敵，再前進突出重圍，不然就難脫身了。

少林玄慈武僧曰：

「我被圍困陣當中，五夫掌走不落空，

圖216　　　　　　　　　　圖217

要想突圍向前闖，背後劈敵跌溜平，

前沖後防掌法妙，橫掃千軍一陣風，

看家護院五夫掌，五道關卡抖玄功。」

162. 羅漢崩拳

左腳踏實，體稍右轉，抬右腿向前跳步，震腳，左腳落於右腿前一步，左腿屈膝使兩腿成左弓步，兩掌變拳，隨身向前崩擊，然後屈肘加於胸上部兩側，拳心向下，目視兩拳（見圖217）。

【實用】：敵來手擊我前胸，我跳步用手上架，撥開來勢弓步直沖，用雙拳崩擊敵方前胸，或者一手上架敵手，另一拳崩擊對方小腹和襠部，重擊對方，攻擊對方也可以向前跳步追擊。

少林寂元武僧曰：

「羅漢崩拳揣下盤，奔走對方中下穿，

上防下取急妙迅，若重崩擊活命難，

祖師傳下五夫掌，五道關前威風顯。」

圖 218

圖 219

163. 羅漢推雪

抬右腳向右側彈踢，然後落於左腳外側一步，使兩腿成插步，兩拳變掌，由左向右側推出，掌心向外，目視右掌（見圖 218）。

【實用】：敵來手擊我胸腹，我用手向上一架，翻手向敵下邊猛推揣，歇步低身從下方進攻對方，遇勢進招，直擊敵方小腹處，制服敵人。

少林貞續大師曰：

「羅漢推雪雙掌發，繃開架擊身低下，
翻手推進敵小腹，可把對手膽嚇破，
五夫掌法無法避，只有仰面跌地下，
鎮守寺院驚天藝，歷代寺僧苦練它。」

164. 弓步推掌

體右轉 90 度，左腳前上一步，使兩腿成左弓步，右掌隨身由後向左前方推出，掌心向前，左掌由下向上架於頭上前方。目視右掌（見圖 219）。

圖 220   圖 221

【實用】：敵來擊我胸腹，我上步一手架開敵來勢，另一掌推擊敵胸腹，擊敵後退敗陣，是有防有攻的招法。

少林名家張義華講：

「對手用力向我攻，閃身架敵弓步沖，
　上架下取如閃電，擊敗對手一溜風。」

165. 孫猴觀陣

兩腳碾地，體左轉180度，轉身後震右腳，上左腳為虛步，兩腿微蹲，成麒麟步，右掌由下向上架於頭上前方，掌心向左，左手向右甩成勾手，目視前方（見圖220）。

【實用】：觀看敵方動靜，變化方法制服敵人，是常用的虛招，既能防也能攻。

少林名家馬希貢講：

「跨虎架勢站山頭，觀看龍爭和虎鬥，
　龍虎交戰分勝敗，胸有成竹要運籌，
　觀看敵人有破綻，打閃穿針一筆勾，
　強敵進擊難還手，結束戰場一風收。」

圖222　　　　　　　　圖223

166.天馬墜地

左腳後退一步，體左轉180度，再抬左腳向後勾踢，同時出右手向後拍擊左腳底，左手由下向上撩，架於頭上左側，目視後方（見圖221）。

上動不停，左腳下落於右腳前一步，體左轉180度，抬右腳向上向左騰旋，當全身騰空時，出左手拍擊右腳內側，右手隨身向右後上方撩擺，目視左手（見圖222）。

上動不停，右腳落左腳前一步，體左轉90度，使兩腿成馬步，同時兩掌向兩側推出，目視前方（見圖223）。

【實用】：敵來攻我胸腹，我速抬腳勾踢敵腿，用手拍擊敵腹左右用法相同，或者腳勾踢敵肋、掌打敵耳部亦能擊退敵人。

少林名家劉廷方講：

「仙人脫鞋招法玄，前勾後彈如飛燕，

又似天馬空中旋，落地壓敵倒街前，

連踢帶打連環擊，對方想避無法閃，

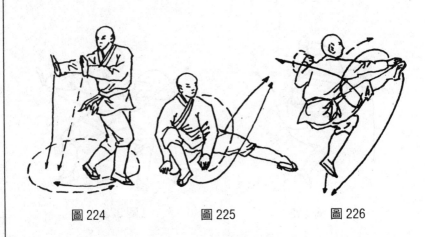

圖 224　　　　　　圖 225　　　　　　圖 226

嵩山少林學五掌，用時方知有妙玄。」

　　旋風腳用法同一路 11 圖，馬步側推掌同一路 12 圖，正反左右用法相同。

167. 羅漢推雪

抬左腳移於右腳後外側一步，使兩腿成插步，兩掌隨身由左向右側推出，目視右側（見圖 224）。

【實用】：用法同本路 218 圖。

168. 燕子啄食

上動不停，抬左腳向左側一步，右腿全蹲，使兩腿成左仆步，兩手下按於右腳前兩側，抬左腿由後往前掃一周，目視左側（見圖 225）。

【實用】：跳起來仆步到敵身前，抓敵腿如燕子啄食，是突然襲擊的招法，使敵失去重心，乘虛進招。

少林名家李計法講：

「巧子龍手妙法生，突然猛撲快如龍，

沿地仆腿抓敵足，燕子啄食翅飛騰，

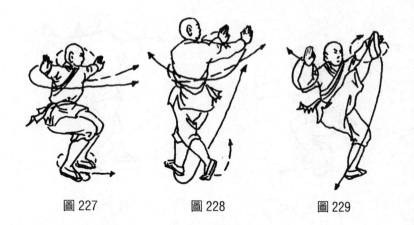

圖 227　　　　　圖 228　　　　　圖 229

　　提起強敵一條腿，用力一掀起在空，

　　若想傷敵雙手臂，若想放敵一邊扔。」

169. 二起側推掌

　　起身，體左轉 90 度，然後再起跳，抬右腳向前向上彈踢，當全身騰空時，出右手拍擊右腳面（見圖 226）。

　　上動不停，右腳向右橫落一步，使兩腿成馬步，兩掌由胸前向兩側推出，目視前方（見圖 227）。

　　【實用】：二起腳用法同一路 42 圖，馬步側推掌用法同一路 44 圖，正反、左右方法相同。

170. 羅漢推雪

　　體左轉 90 度，抬左腳置於右腳後外側一步，兩腳成插步，兩掌由左向右前方推出，目視兩掌（見圖 228）。

171. 旋風側推掌

　　接上動作，抬右腳向左翻身，體左轉 180 度，兩腳騰跳，當全身騰空時，出左手拍擊腳內側，目視右腳（見圖 229）。

圖 230

圖 231

上動不停，右腳落於左腳內側一步，體左轉 90 度，使兩腿成馬步，同時兩掌向兩側推出，目視前方（見圖 230）。

【實用】：旋風腳用法同一路 43 圖，馬步側推掌同一路 44 圖，左右、正反方法相同。

圖 232

172. 羅漢推雪

體左轉 90 度，抬左腳移於右腳後外側一步，使腿成插步，兩掌由左向右側推出，目視右側（見圖 231）。

【實用】：用法同本路 218 圖。

173. 兩掌一拳

體左轉 90 度。抬左腿向左側彈踢，落成左虛步，左掌向前推，右掌屈肘，端於腰側，目視左掌（見圖 232）。

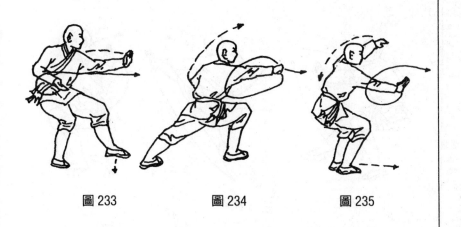

圖233　　　　　　圖234　　　　　　圖235

　　兩腳碾地，體右轉180度，抬左腳向前彈踢，然後收左腳成虛步，左掌向前推，右掌屈肘端於腰側，目視左手（見圖233）。

　　上動不停，左腳踏實，變成右弓步，兩掌變拳，右掌向前猛沖，拳心向下，左拳屈肘抱於腰間，目視右拳（見圖234）。

　　【實用】：敵來攻我側邊，我抬腳踢擊敵人腹部，背後來敵轉身再踢擊敵人，緊接弓步沖拳重擊敵方。

　　少林名家楊秀山曰：

　　　「兩腿抬起左右踢，兩掌左右去推敵，

　　　　沖出重圍破群敵，快如閃電如雷擊，

　　　　群敵一見四下散，得取勝利我自喜。」

　　174. 黃忠射箭

　　抬右腳向前上一步，使兩腿成併步，右拳變掌，向前抓，然後向前推出，掌心向前，左掌由下向上架於頭上左側，目視右手（見圖235）。

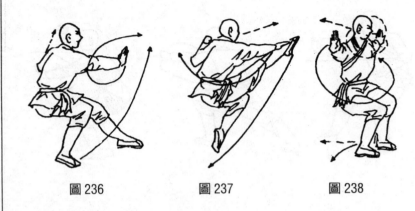

圖236　　　　　　圖237　　　　　　圖238

【實用】：敵人向我進攻，我一掌上架來勢，另一掌急速併步切擊敵下腹，重擊敵下腹擊退敵人。

少林名家儀保友、趙廷茂講：

　　「中盤滾腸力量添，併步切擊下腹間，

　　　輕者倒地敗下陣，重者性命難保全，

　　　法到用時切慎使，真功出手勿胡亂。」

175. 大鵬叼魚

　　抬左腳向前上一步，右手向前下方猛揣，左掌向前抓後屈肘端於腰側，兩腿向下半蹲，目視右掌（見圖236）。

【實用】：敵人用力向我頭上攻擊，我近身用拳揣擊敵小腹，一掌護住胸肋，是避高擊低的招法。

少林名家郭明揚講：

　　「對於高處來猛攻，避高擊低妙法生，

　　　一頭竄進敵身前，連抓帶揣不留情，

　　　任你武功千般硬，防而不備跌溜平。」

圖 239

圖 240

176. 馬步側推掌

雙腳起跳，抬右腳向前彈踢，當全身騰空時，出右手向前拍擊右腳，目視右手（見圖 237）。

右腳下落在左腳內側，使兩腿成馬步，兩手由胸前向兩側推出，目視前方（見圖 238）。

【實用】：用法同一路 42 圖和 43 圖。

177. 虛步推掌

左腳後退一步。體左轉 180 度，收左腳為虛步，左手隨身向前推出，右手屈肘端於腰間，目視左手（見圖 239）。

【實用】：背後來敵，我轉身用掌捶擊敵方，使敵受擊後退敗陣，腳步和黃龍轉身相結合使用。

178. 黃龍大轉身

體右轉 180 度，抬左腳向前方彈踢，然後落成左虛步，左掌向前推出，右手屈肘護右肋旁，目視左手（見圖 240）。上動不停，雙腳起跳，向右翻、身體轉 180 度落成左弓步，右掌向前推出，左手向外撩，然後變拳，抱於腰

圖241

圖242

間，目視右手（見圖241）。

【實用】：敵從背後出來，我回身用足踢敵，用掌推擊敵胸；再如背後來敵，我雙足跳起轉身用掌推敵頭面和胸腹部，擊退敵人，來回轉動將左右前後都守住。

少林還俗僧素法講：

「仙人轉影回身計，黃龍轉身賽風急，

轉身踢打敵要害，掌似利刃開肚皮，

對手眼花心忙亂，逃出圈外跑得急。」

179. 翻江擺蓮

抬右腳向右轉身跳步（右體轉180度），轉身後震腳，左腿落於右腿內側一步，左腿屈膝成左虛步，左手向左側前方推出，右手屈肘，掌端腰側，目視左手（見圖242）。

上動下停，抬雙腳起跳，右腳向左旋騰，當全身騰空時，出雙手拍擊右腳（見圖243）。

【實用】：敵從背後向我攻來，我急翻身，一手抓住敵手腕，同時上步用我腿絆住敵腿，再用另一手由上向下落在

圖243

圖244

敵胸前向後猛搬攔，敵即仰天跌倒。擺蓮腿用法同一路53
圖。

少林如靜武僧曰：

「搬攔之法妙無窮，背後拿敵有玄功，

踩住敵腕急回頭，緊搬敵人莫放鬆，

全身用力一抖勁，敵將搬倒地當中。」

180. 上步三揣掌

右腳前落一步，體左轉
身180度，抬右腳前上一
步，成右弓步，右掌向前猛
揣，掌心向前，左掌肘端於
腰左側（見圖244）。再抬
左腳向前上一步，屈膝成左
弓步，左掌向前猛揣（見圖
245）。

上動不停，左弓步不

圖245

圖 246

圖 247

變，兩手回胸前環抓，右掌向前，左掌向後同時推出。目視右掌（見圖246）。

【實用】：用法同二路61至63圖。

181. 二起腳

起雙腳，抬右腳向前彈踢，當全身騰空時，出右手向前拍擊右腳面（見圖247）。

圖 248

上動不停，右腳向後落一步，體右轉90度，抬左腳向左側彈踢，出左手拍擊左腳，右手向右後方撩，目視左腳（見圖248）。

【實用】：起腳踢敵，如果敵人閃過去，再抬另一腳踢擊，使敵不得還手，上邊掌打、下邊腳踢，連連進擊的方法同一路42圖，有時也可連打3至5個二起腳。

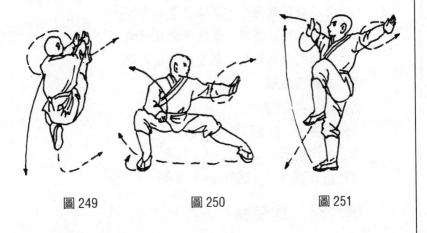

圖249　　　　　　圖250　　　　　　圖251

182. 關公勒馬

上動不停，左腳不落地，兩手在胸前合擊，然後起右腳，向左轉180度，彈擺，同時出雙手由右向左拍擊右腳，目視兩手（見圖249）。

轉身後，右腳向右一步，體左轉180度，成左仆步，左掌向左推出，掌心向前，右手向前抓，然後變拳屈肘抱於腰右側，目視左手（見圖250）。

【實用】：用法同第一路53圖和19圖，左右圖、正反用法相同。

183. 白鶴亮翅

上動不停，體右轉90度，左腿提膝，兩手由胸前向兩側外展，正立掌掌心向外推出（見圖251）。

【實用】：敵來抓我腹部，我雙手向下一畫，抓住敵手向兩側展，急提膝抵擊敵襠部或小腹，制服敵人。

少林貞秋大師曰：

「白鶴亮翅雙手展，單腿獨立神威顯，

上手分開敵兩手，提膝抵擊敵要害，

對方被捉無法閃，當時投降直叫喊，

一心想學少林功，削髮為僧留寺院。」

184. 二起旋風腳

文圖同一路 25 勢。

185. 飛擺蓮　文圖同一路 26 勢。

186. 鴻門射雁　文圖同一路 27 勢。

187. 織女耍剪　文圖同一路 28 勢。

第六路　地盤腿

188. 霸王舉鼎　文圖同一路 1 勢。

189. 雙手托塔　文圖同第一路 2 勢。

190. 上步玉柱　文圖同第二路 31 勢。

191. 豹子出洞　文圖同第四路 114 勢。

192. 馬步單鞭

接上動作，左腳後退成馬步，兩掌向兩側推出（見圖 252）。

【實用】：用法同四路 194 圖。

193. 魚公倒划船

兩腳碾地，體左轉 90 度，左腿提膝，同時左手由前下方向上再向後划，右手由後上方向前方划，目視右手（見圖 253）。

上動不停，左腳向後落一步，右腿提膝，右手由上向前向後划，左手由後向前划（見圖 254）。

上動不停，右腳向後落一步，左腳提膝，手法同上（見圖 255）。

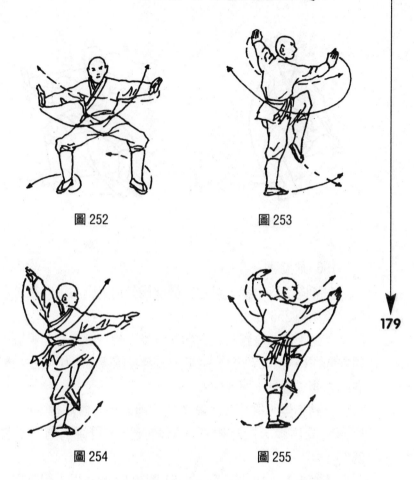

圖252　　　　　　　　圖253

圖254　　　　　　　　圖255

　　【實用】：用法同一路37～39圖。左右、正反方法相同。

194. 八步趕鑱

文圖同第一路20勢。

195. 二起旋風腳

文圖同第一路21勢。

圖256

圖257

196. 飛擺蓮

左腳向前落一步，再抬左腳向後勾踢，出右手向後拍左腳跟（見圖256）。

上動不停，左腳落在右腳前一步，抬右腳向左側騰擺，隨勢向左轉身（270度）跳步，當全身騰空時，出兩手拍擊右腳外側（圖見一路53圖）。

上動不停，擺蓮後右腳落左腳前一步，體左轉90度，使兩腿成馬步，同時兩掌向兩側推出，目視前方（見圖257）。

【**實用**】：用法同第一路51圖和53圖。馬步單鞭用法同第四路194圖。

197. 飛身狐狸剪

上動不停，向右翻身跳步（體右轉180度），左腿全蹲，右腿仆地，兩手下按於左腳兩側（見圖258）。

兩腳同時抬起，使身體向左躍，兩腿成插步形臥地，左腳在上，右腳在下，使下身著地，目視左側（見圖259）。

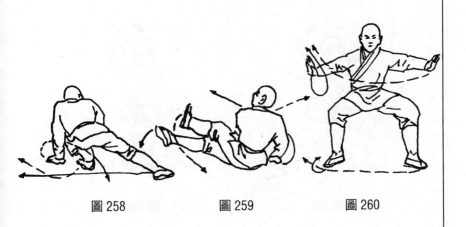

圖258　　　　　　圖259　　　　　　圖260

【實用】：和敵人搏鬥時，如從上邊不能下手，可在敵面前突然倒地，用夾腿剪法拌敵人兩腿，使敵倒地敗陣；再如我被敵人打倒在地，可以用大夾剪法擊敵取勝，使敵心慌意亂，導致失利，是伏地進攻法。

少林智善法師曰：

「死屍扒地變化多，轉身大拌能反活，

　使開大剪地功法，夾剪敵腿招法絕，

　成名高士也害怕，若逢地功難爭奪，

　六道卡前威力大，弟子想走難逃脫。」

198. 掃腿騎馬式

起身，變為右仆步，以左腳為軸，抬右腿由後向前掃一周，兩腿變成馬步，兩手回胸前環弧，向兩側同時推出，目視前方（見圖260）。

【實用】：用法同第四路193至194圖。

199. 上步卡倉

兩腳碾地，體右轉90度，抬左腳向前上一步，成左弓

圖 261

圖 262

步，兩手由胸兩側向前擠卡，兩掌在胸前成交插式，兩掌心向外，目視兩掌（見圖261）。

【實用】：用法同第四路187圖。

200. 一化臥勢

體右轉90度，收左腳成丁字步，兩腿半蹲，同時兩手在胸前環弧，右手由下向上架於頭上前方，掌心向前，左手由左向右穿，掌心向外，目視左側（見圖262）。

上動不停，體左轉90度，左腳由後向前上半步，兩腿半蹲，兩手屈肘，上身前伏，右手向前掠，左手屈肘護咽，目視前下方（見圖263）。

【實用】：用法同第一路45～47圖。

201. 二起旋風腳

上動不停，跳雙足抬右腳向前上彈踢，當全身騰空時，出右手拍擊右腳面（見圖264）。

接上動作。右腳下落左腳外側後半步，使兩腿成捶步，再抬右腳向左轉身彈擺，當全身騰空時，出左手向右上方拍

圖 263

圖 264

183

擊右腳掌內側，目視右腳
（見圖 265）。

【實用】：用法同第一
路 42～43 圖，正反、左右
用法相同。

202. 飛擺蓮

文圖同第一路 26 勢。

203. 鴻門射雁

文圖同第一路 27 勢。

204. 織女耍剪

文圖同第一路 28 勢。

圖 265

少林惠矩武僧曰：

「少林六路地盤功，苦修苦練得眞功，

六道關卡威力大，戰敗武林數英雄，

弟子想逃走不了，外手想進也不行，

如果膽大闖關卡，進入關卡現愁容，

若說此話君不信，三年五載白費勁，

立志沖擊十三卡，得下苦功數十冬。」

第七路　梅花拳

205. 霸王舉鼎

文圖同第一路第 1 勢。

206. 雙手托塔

文圖同第一路第 2 勢。

207. 上步玉柱

文圖同第一路 31 勢。

208. 童子開弓

抬左腳向前上一步，使兩腿插成左虛步，右手向前抓，然後屈肘亮於右腰側，左掌由左向前推出，掌心向前，目視左掌（見圖266）。

184

【實用】：敵人向我猛攻，我無力抵擋，可以後拉步用手向上畫開敵手，翻手抓敵腕向後帶拉，另一掌向前猛推敵人胸腹或肋間，敵人被拉帶身向前傾，必被重擊。

少林名家郭慶方曰：

「虛步觀敵挎虎等，童子開弓把客擁，

　　上手滑帶下手沖，強敵猛攻必前傾，

　　上架來式下進掌，擊中敵人難逃生，

　　祖師傳授玄妙功，馬到成功陣陣勝。」

209. 坐虎待羊

體稍向左轉，抬左腳向前彈踢，出左手向前拍擊左腳面，右手向右側撩抓（見圖267）。

上動不停，左腳向左落一步，體左轉90度，右腳向前

圖 266　　　　　　　　圖 267

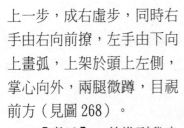

185

上一步，成右虛步，同時右手由右向前撩，左手由下向上畫弧，上架於頭上左側，掌心向外，兩腿微蹲，目視前方（見圖268）。

　　【實用】：敵進到我身前，我用腳踢下邊，上邊用掌打敵頭面；敵欲後退，我迅速貼近敵人身前捶擊膝蓋、小腿、腳面等處，如高

圖 268

打就擊襠部，是下盤進攻的招法。

　　少林名家江華亭講：

　　　　「單踢迎敵上下攻，坐盤打捶快如風，

　　　　貼近敵身下盤進，防而不被敵發愣，

　　　　單掌擊進要害處，不是筋斷即骨崩，

　　　　對方當場倒在地，方知自身已有功。」

圖 269

圖 270

210. 金雞獨立

體左轉 90 度，震右腳，抬左腳提膝，兩手在胸前環弧，右手由下向上架於頭上前方，左手由上向下直揣，掌落左大腿向內側，拇指一側向內，目視左側（見圖 269）。

【實用】：用法同三路 136 圖。

211. 震腳擠手炮

左腳下落右腳後一步，體左轉 180 度，震右腳，同時右掌變拳，由外向內與左掌在胸前相擊，兩腿微蹲，目視兩手（見圖 270）。

【實用】：敵向我攻來，我一手接住敵手腕，一腳狠踏敵人足尖，用另一拳向敵腕進攻，使敵人手足受傷，重傷殘廢。

少林名家楊沛武講：

「恨步栽捶力量強，踩住敵手如砸樁，

鐵拳栽下敵骨折，腳下踏擊把人傷，

此為恨步擠手炮，勇猛剛強戰沙場，

圖 271　　　　　圖 272　　　　　圖 273

少林學習眞功法，遊遍四方有膽量。」

212. 弓步推掌

右腳向右開半步，兩腳碾地，體右轉 90 度，右腿屈膝成右弓步，然後出手向前沖擊，左拳端於腰側（見圖 271）。

抬左腳向右斜前方上一步，成左弓步，同時兩拳變掌，左掌前推，右掌端於腰側（見圖 272）。

上動不停，抬右腳向前上成斜右弓步，右手向前抓打，然後屈肘端於腰間，左手由後向右側前方猛推，掌心向前，上體向前斜傾，目視左手（見圖 273）。

【實用】：我上步穿擊敵人，敵後退時，我速上步用另一掌再穿擊敵胸肋，敵如再退，我速翻身出手推擊敵胸，連進三掌，是連環進攻的招法。

少林名家馮士道講：

「連環穿掌把人傷，快如閃電威力強，

對手無力連連退，緊逼敵人敗戰場，

圖274　　　　　　圖275　　　　　　圖276

掌掌穿擊敵要害，前人傳下實戰方。」

213. 三官擒呂布

接上動作，左掌向前抓然後變拳，抱於腰側，抬左腳向前彈踢，同時右拳向前沖擊（見圖274）。

右拳變掌，向前抓，左腳向前落一步，抬右腳向前彈踢，出左拳向前沖擊，右拳抱於腰間（見圖275）。

依上法再彈左腿，沖右拳，目視右拳（見圖276）。

【實用】：我向敵發出進攻，上邊手抓敵臉，掌打敵胸腹，下邊兩腳連環交替踢擊敵襠，敵如後退，我急速連攻，使敵沒有還手之力，直至敗陣逃跑。

少林名家馬希貢講：

　　「童子腿法真剛強，連環踢擊無抵擋，

　　　上邊抓打敵難進，下邊腿走似風狂，

　　　少林正宗玄妙法，高士一見也慌忙。」

214. 千斤砸捶

接上動作，體左轉90度，兩拳變掌向前抓，然後變拳

圖277　　　　　　　圖278　　　　　　　圖279

抱於腰間（見圖277）。

　　左腳向後落一步，體左轉90度，使兩腳成右虛步，兩拳變掌，右掌屈肘向胸前撩，然後向前劈擊左手掌（響亮）。目視右掌（見圖278）。

　　【實用】：敵來抓我胸，我接住敵手腕，用另一掌向敵腕劈擊，傷敵筋骨，使其失去戰鬥能力，此招又叫千斤砸拳。

　　少林拳譜曰：

　　　「這手抓住敵手腕，那手如刀往下斬，

　　　　閃電如飛向下劈，重擊敵手直叫喊，

　　　　單掌用功硬如鐵，勝似鋼刀賽利劍，

　　　　少林傳下真絕藝，用時方知有效驗。」

　　215. 黑虎出山

　　體右轉90度，抬兩腳向前跳一大步，左腳落右腳前成左弓步，兩掌向前上方交插，上身向前傾探，目視兩掌（見圖279）。

圖280　　　　　　　　　圖281

【實用】：用法同131圖。

216. 彈腿抹掌

抬右腳和前彈踢，然後落於左腳前，體左轉90度，抬右腳向前上成右弓步，右手向前下方撩，左手由右向下抹掌，目視左手（見圖280）。

【實用】：敵來抓我手，我用另一手抹吊敵手，急速向敵人肩部按壓，一手捉敵手向下猛拉，使敵撲倒在地，敵不倒可用腳向後拌敵腿。

少林看家拳譜曰：

「掛塔手法力量大，用手想抓力不濟，

　抹下敵手猛一按，對方被壓地下爬，

　生擒強敵倒在地，投降敗陣無妙法，

　少林傳下摘手掛，還得恆心苦練它。」

217. 張果老倒切瓜

雙腳起跳，左腳落右腳前一步，體右轉90度，上右腳成併步，右拳向前下方猛劈，左拳由左向右屈肘橫擊，兩腿

圖282

圖283

微蹲，目視前方（見圖281）。

【實用】：用法同本路280。

218. 麒麟亮勢、仆步推掌

體稍左轉，左腳向前上成虛步，兩手回胸前環抱，然後左手屈肘前推，掌心向前，右手屈肘後縮，目視左手（圖同五路216圖）。

上動不停，抬左腳向左移成馬步，同時兩拳變掌向兩側推出（見圖282）；左掌再向前屈肘推出，掌心向前，右手向外撩抓，然後變拳抱於腰側，目視前方。

【實用】：用法同五路216圖。

219. 倒打旋風腳

起身，體左轉90度，抬右腳提膝，右拳變掌，向前推，掌心向前，左掌向右穿出，掌心向外，目視右手（見圖283）。

上動不停，雙腳起跳，抬右腳向左轉身騰擺，（體左轉270度）當全身騰空時，出左手拍擊右腳內側（見圖

圖 284　　　　　　　　圖 285

284）。

【實用】：敵來襲我前胸，我一手壓敵手，一掌推敵面部，並迅速用膝蓋抵敵襠部要害處，制服敵人，使敵無法閃避；在平時對敵也要一手護胸，一手推敵胸部，同時提膝抵擊敵襠部，擊敗敵人。

少林看家拳譜曰：

「提膝推出掌朝天，直奔敵人擊臉面，

對手鼻破流血水，二目昏花難睜眼，

下抵襠部要害處，強敵驚慌心膽寒，

手膝並進敵難躲，回頭逃跑一溜煙。」

倒旋風腳用法和正旋風腳一樣。見一路 43 圖法。

202. 馬步側推掌

文同一路 18 勢（見圖 285）。

【實用】：用法同四路 194 圖。

221. 旋風腳

先抬左腳，後抬右腳向左轉體（360 度），跳步騰擺，

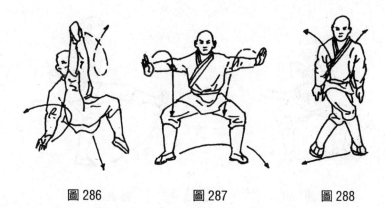

193

圖 286　　　　　　圖 287　　　　　　圖 288

當全身騰空時，左手拍擊右腳掌內側（見圖 286）。

【實用】：用法同一路 11 圖。

222. 馬步側推掌

文同五路 18 勢（見圖 287）。

【實用】：用法同四路 194 圖。

223. 雙手後劈

抬左腳移於右腳後外側一步，使兩腿成插步，兩手向兩側後方甩劈，同時兩腿微蹲，目視前方（見圖 288）。

【實用】：敵從兩側出腳踢我，我歇步蹲身用雙掌劈敵腳面，防護兩側的招法。

少林弟子英如本講：

「少林傳下護身法，不怕敵方左右來，

雙掌蹲身往下劈，敵人被擊淚灑灑，

兩邊敵腳中我掌，勝似斧砍賽刀殺，

當場解圍保身體，全憑師傳真功法。」

圖 289 　　　　　　　　　圖 290

224. 童子觀山

抬右腳向右移一步，兩腿屈膝成馬步，兩手回胸前兩側，同進推出，掌心向前。

然後兩手由兩側向內成上插手貼胸，兩手掌分別貼按左右肩前端，目視前方（見圖289）。

【**實用**】：敵來手抓我肩，我雙掌上劈砍傷敵手，使敵受傷痛疼放手；同下劈功力一樣，上下相連劈擊。

少林還俗僧素法曰：

「敵來抓我肩，雙掌向上翻，

　　向敵猛力砍，敵疼直叫喊，

　　敵手向後縮，雙肩得安全，

　　師傳雙斬手，還得苦研練。」

225. 三戰腳

體右轉90度，抬左腳向前上戰踢，兩手由右向左後方甩成勾手（見圖290）。

再抬右腳向前戰踢，兩手由左向右後方甩成勾子（見圖

圖 291

圖 292

291）。

再抬左腳向前戰踢，兩手由右向左後方甩成勾手，目視左腳（見圖292）。

【實用】：雙手抓敵手腕向後拉帶，抬腳踢敵襠部，或者踢拌敵腿，左右用法一樣。是手腳相合一齊進攻的技法。

少林武僧貞秋曰：

「肘腿戰腳功，直奔下盤沖，

　兩腿似鐵棍，兩手如鋼釘，

　　抓勾並踢拌，擊敵落流平。」

226. 飛擺蓮

文圖同第一路 26 勢。

227. 關公勒馬

文圖同第四路 157 勢（見圖293）。

228. 織女耍剪

文圖同一路 28 勢。

圖 293

圖 294　　　　　　　　圖 295

少林清蓮法師曰：

「看家梅花拳，把守七道關，

　拳掌似梅花，腿腳不休閒，

　弟子跑不出，強敵難闖關，

　若還被捉住，還得苦修練，

　心急藝難成，功到才效驗。」

第八路　連環捶

229. 霸王舉鼎
文圖同第一路第 1 勢。

230. 雙手托塔
文圖同第一路第 2 勢。

231. 虛步亮掌
右腳向後退一步，變左腳為虛步，右手由前向後上方撩，然後出屈肘豎腰間右側，左手向前推出，掌心向前，兩腿微蹲，目視前方（見圖294）。

圖 296

圖 297

【實用】：用法同五路 216 圖。

232. 黑虎掏心捶

抬左腳向前彈踢，向前落一步，體左轉 90 度，成左弓步，兩手在胸前環弧，然後右掌變拳，向前方揣擊，拳心向下，左掌由下向上架於頭上前方，目視右拳（見圖 295）。

【實用】：用法同五路 291 圖，左右、正反用法相同。

233. 弓步抹掌

兩腳碾地，體右轉 90 度，震右腳落左腳前方，成右弓步，右掌由上向前方拍打，左手沿右掌背向上臂抹，目視前方（見圖 296）。

【實用】：用法同七路 260 圖。

234. 羅漢推雪

抬右腳移於左腳外側一步，使兩腿成插步，兩手隨身環弧後，由左向右側推出，掌心向外，目視兩掌（見圖 297）。

【實用】：用法同五路 218 圖。

圖298

圖299

235. 鋪地錦

上動不停,抬左腳向左一步成仆步,兩手向胸前右腿兩側下按,然後以右腳為軸,抬左腳由後往前掃一周(見圖298)。

【實用】:敵人向我攻來,我撲地躲開上邊來勢,用腳端踢敵人小腿,是攻防結合的招法。

少林淳錦武僧曰:

「對手來勢太凶狂,撲地閃身避鋒芒,

　腳端敵腿筋骨斷,登時跌倒地當陽,

　少林古寺傳妙法,敗中取勝戰強良。」

236. 震腳側推掌

接上動作,起身,然後再抬右腳向前上一步。右腿屈膝成右弓步,右掌由胸前向前方推出,掌心向前,左手端於腰側,目視右掌(見圖299)。

抬左腳向前上一步,震右腳,身左轉90度,兩腿屈膝成馬步,左掌由胸前向左側推出,掌心向前,右手屈肘亮於

圖300

圖301

胸右側，目視左掌（見圖300）。

【實用】：用法同二路61～62圖。

237.潑腿旋風腳

以左腳為軸，抬右腳向左潑腳，體左轉180度，出左手拍擊右腳掌內側（見圖301）。

圖302

右腳落於左腳前外側，雙腳起跳，抬右腳向左旋擺，當全身騰空時，出左手拍擊右腳內側（見圖302）。

【實用】：用法同一路9圖和50圖，左右用法相同。

238.羅漢推窗

上動不停，右腳下落左腳前一步，上左腳成虛步，左手向前猛推，掌心向前，右手向外撩，然後握拳，抱於腰間，

圖 303

圖 304

兩腿微蹲,目視左手(見圖303)。

【實用】:用法同五路233圖。

239. 併步架打

抬右腳向前上一步,與左腳併步震腳,右手由胸前方推出,掌心向前,左掌由下向上,架於頭上前方,掌心向前,目視右掌(見圖304)。

圖 305

【實用】:用法同五路235圖。

240. 八方連錘

右腳向前上一步,抬左腳提膝,同時兩掌變拳,右掌向右沖擊,左拳抱於胸側,目視右拳(見圖305)。

左腳向前落一步,體左轉180度,右腿提膝,左拳向前方沖擊,右拳抱於胸前,目視左拳(見圖306)。

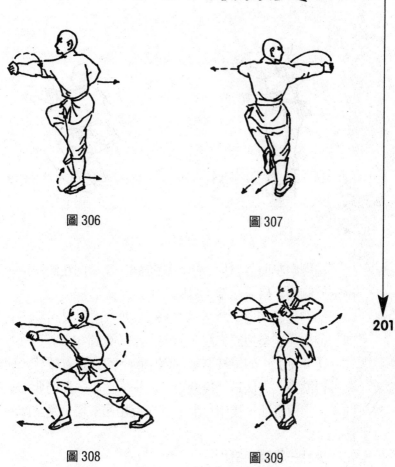

圖306　　　　　　　　　圖307

201

圖308　　　　　　　　　圖309

右腳向右落一步，體右轉90度，左腿提膝，右拳向右方沖出，左拳抱於胸側，目視右拳（見圖307）。

抬左腳向左落一步，體左轉90度，成左弓步，左拳向左側沖出，右拳抱於腰側，目視左拳（見圖308）。

右腳上步，體左轉90度，左腿提膝，右拳向右沖出，左拳抱於胸側，目視右拳（見圖309）。

圖310　　　　　　　　　　　圖311

左腳向左前落一步，抬右腿提膝，左拳向左側沖出，右拳抱於胸側，目視左拳（見圖310）。

抬右腳向前落一步，體左轉90度，兩腿成馬步，右拳向前沖出，左拳抱於胸側，目視右拳（見圖311）。

【實用】：如果被群敵圍困中間，可以連貫擊打，使敵人不得貼身。方法是一捶向東，一捶向西，一捶向北，一捶向南，指東打西、指南打北。正、反用法一樣，是突圍的招法。

少林一貫禪師曰：

「八路捶法神威顯，如進羊群虎一般，

搖頭擺尾威力大，群敵哪敢把虎攔，

捶來捶去如閃電，指東打西猛又歡，

捶打八方無敵手，神人難過八道關。」

241. 二起後掃腿

兩腳同時起跳，右腳向前向上彈踢，當全身騰空時，出右手拍擊右腳面（見圖312）。

圖312

圖313

右腳落左腳後一步，體
右轉90度，左腿全蹲，右
腿伸直成仆步，兩手按於左
腳前兩側，以右腳為軸，右
腿經右側住後掃半圈（見圖
313）。

【實用】：用法同一路
42圖和三路141圖。

242. 馬步側推掌

文圖同十路40勢。

圖314

243. 弓步卡倉

右腳後腿一步，體向右轉180度，震右腳，左腳向前上
一步，成左弓步，同時兩手由後向前方卡推，兩手落成前插
形，目視兩手（見圖314）。

【實用】：馬步側推掌用法同二路四十勢。弓步卡倉的
用法同六路199勢。

圖 315　　　　　　　圖 316

244. 青龍鬧海

接上動作，臀部坐地，兩腿屈蹲，上身側伏，右腿在前（見圖 315）。

兩臂屈肘環抱，左上臂與右肩先伏地，然後背部著地，以背中部為軸，兩腿隨身向左彈散，使全身滾旋 360 度（見圖 316）。

【實用】：用法同一路 24 勢。

245. 二起旋風腳

文圖同一路 25 勢。

246. 飛擺蓮

文圖同一路 26 勢。

247. 鴻門射雁

文圖同一路 27 勢。

248. 織女耍剪

文圖同一路 28 勢。

少林貞方武僧講：

「看家八路拳，捶法走連環，

　一環套一環，環環有妙玄，

　行動如拉鑽，捶走如閃電，

　腰動如蛇行，轉眼八方著，

　周圍都是敵，我心不忙亂，

　將身只一轉，群敵四下散，

　忠心護寺院，流傳萬萬年。」

少林還俗僧素法講：

「捶連環，祖師傳；指東北，打西南。

　戰沙場，風一般；如流星，似利箭。

　擊敵人，亂叫喚；倒的倒，散的散。

　學真功，得師傳；繼前人，傳遺產。

　育子孫，永相傳；為祖國，多貢獻。」

205

第九路　連環腿

249. 霸王舉鼎

文圖同一路 1 勢。

250. 雙手托塔

文圖同一路 2 勢。

251. 上步玉柱

文圖同二路 31 勢。

252. 虛步挎肘（亮掌）

右腳向後退一步，體稍右轉，　　　　　　圖 317

收左腳成虛步，右手由前向後上方

撩，然後向下回胸前屈肘，豎腰右側，左手向前屈肘亮掌，

兩腿微蹲，目視前方（見圖 317）。

圖318　　　　　　　　圖319

【實用】：用法同七路266圖。

253. 天馬行空

兩腳向前縱跳一大步，體左轉90度，左腳移於右腳外側，兩腿成插步，兩手由胸前從左向右撩掌，掌心向外，目視右手（見圖318）。

【實用】：我和敵人搏鬥時，猛然跳起，雙掌從上往下向敵頭劈擊，敵如仰面閃開，我即雙掌下落劈擊敵腹部，並插步貼近敵人身前，制服敵人。是空中下劈近身擊敵的招法。

少林悟雷武僧曰：

「天馬行空上雲端，雙掌如刀向下斬，

　泰山壓頂力量大，勢如猛虎下高山，

　雙掌劈敵手法重，著掌昏迷跌平川，

　上劈下插近身打，敵想出入難上難。」

254. 二起推掌

兩腳隨時起跳。抬右腳向前彈踢，當全身騰空時，出右

圖 320　　　　　　　　　　圖 321

手拍擊右腳面（見圖319）。

　　右腳落左腳前方，體左傳90度，使兩腿變成馬步，右掌向右側推，掌心向前，左掌屈肘端於腰側，目視右手（見圖320）。

　　【實用】：我用足彈踢敵人腹部、上邊用掌拍擊敵人頭面，敵如後退欲逃，我落地成弓步或馬步近身，用單臂崩擊敵人；或搬擊對方，貼倒敵人。

　　少林武僧湛舉曰：

　　　「二起彈腿在空中，落地擋敵搬貼崩，

　　　　單臂用力如鐵樑，橫掃敵方一陣風。」

　　255. 旋風腳

　　兩腳起跳，抬左腳向左（轉體270度）騰擺，當全身騰空時，出左掌拍擊右腳掌內側，右手向右後側撩出（見圖321）。

　　【實用】：用法同一路50圖。

圖 322

圖 323

256. 二起坐虎式

右腳左旋轉落地後，抬左腿提膝，用兩手由前向下反擊左膝蓋上部，然後由前向後甩成勾手（見圖 322）。左腳不落地，抬右腳向前彈踢，當全身騰空時，出右手拍擊右腳面（見面 323）。

右腳落於左腳外側，體左轉 90 度，使兩腿成插步，右掌變拳，在胸前環弧，然後向右猛擊，拳心向下，左掌由下向上架於頭上前方左側，掌心向上，兩腿微蹲，目視右拳（見圖 324）。

【實用】：同一路 14 圖、42 圖及七路 268 圖，正反、左右用法相同，拳掌一樣。

257. 弓步摘心捶

右腳向右移一步，體右轉

圖 324

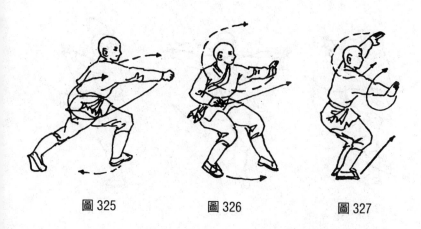

圖 325　　　　　　圖 326　　　　　　圖 327

90度，上左腳，左腿屈膝成左弓步，兩手隨身在胸前環弧，右拳向前沖擊，拳心向下，左掌屈肘在胸前抱於左側，目視右拳（見圖325）。

【實用】：用法同八路295圖。

258. 麒麟亮勢

收左腳，使兩腿成麒麟步，兩掌在胸前環弧，左掌抖肘向前推，掌心向前，右掌抖腕，然後變拳，抱於腰側，拳心向上，兩腿微蹲，目視兩手（見圖326）。

【實用】：用法同五路233圖。

259. 併步架打

抬右腳向前震腳與左腳成併步，右拳變掌，由胸前成立掌並向前方推出，掌心向前，左掌由下向上架於頭上前方，掌心向上，兩腿半蹲，目視右手（見圖327）。

【實用】：用法同五路235圖。

260. 陣破三關

抬右腿向右側彈踢，同時兩手向兩側繍出（見圖

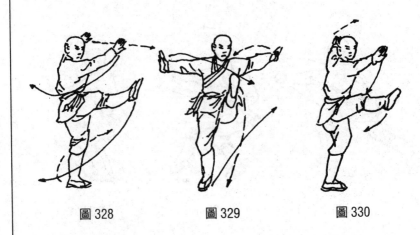

圖328　　　　　　圖329　　　　　　圖330

328）。

右腳向後落一步，兩腳碾地，體右轉90度，抬左腳向前方彈踢，同時兩手向兩側展出（見圖329）。

左腳落於右腳內側一步，左腳碾地，體左轉90度，抬右腳向右側彈踢（見圖330）。

【實用】：上面迎面推掌封住敵眼，下面可以連踢三腿，乃至更多，正反左右用法相同。連貫不止，閃電翻飛，發擊連環攻勢，踢敵膝蓋、小腹和襠部，是速戰速決的招法。

少林名家徐敏武曰：

「九路腿法踢連環，快如閃電急如箭，

　　踢擊一腿連三腿，三三見九不休閒，

　　上封敵人頭面眼，前後左右緊相連，

　　跳躍彈踢團團轉，擊敗敵人得勝還。」

261. 大鵬展翅

上動不停，用右手拍擊右大腿上部，左掌變拳，上架頭

　　　圖 331　　　　　　　圖 332　　　　　　　圖 333

上前方（見圖331）。

　　接上動作，右腳落於左腳前一步，體左轉90度，再抬左腳提膝，左手屈肘亮掌，右手向後甩成勾手（見圖332）。

　　上動不停，左腳落地，體右轉90度，抬右腳向前彈踢，出雙手拍擊右腳面（見圖333）。

　　【實用】：敵來攻我，我用掌上拍敵頭，下抵敵陰；敵如後退，我可直腿踢敵小腹，雙手雙腿連貫拍擊踢打，影響對方視線和注意力，是以假亂真之法；有時向對方拍空手，對手不注意時，出腳踢擊敵人；或敵用腳踢我時，我抬腿用膝蓋碰抵敵腿，使其小腿骨折。是攻防結合的招法，也可以五個至九個響變化使用。跳高和蹲身用法相同。

　　少林名家馬希貢曰：

　　　　「三響二起上雲端，掌打頭面腳踢彈，

　　　　　護膝拍響擊敵腿，膝頂敵腿骨折斷，

　　　　　一至三擊連九響，對手心驚意忙亂，

圖 334　　　　　　　　　　圖 335

速戰速決急妙迅，方知腿法有效驗。」

262. 旋風騎馬勢

右腳落於左腳外側，兩腳起跳，抬右腳身體左轉 180 度，向左旋擺，當全身騰空時，出左手拍擊右腳掌內側（圖同一路 11 圖）。

轉身後，兩腿落成馬步，兩手在胸前環弧，然後向兩側同時展出，掌心向外（見圖 334）。

【實用】：用法同一路 11～12 圖，正反左右用法相同。

263. 燕子啄食

左腳後撤一步，體左轉 90 度，抬右腳向右側仆地伸直，成右仆步，兩手向胸前下按地拍打，目視右側（見圖 335）。

【實用】：用法同五路 225 圖。

264. 震腳沖天拳

起身，抬右腳震腳，與左腳成併步，然後叉開，兩掌變

圖336 圖337 圖338

拳，左掌屈肘向右橫沖，拳心向下，右拳從左前臂內穿出，向上直臂沖出，拳心向前，目視前方（見圖336）。

【實用】：同二路58圖，正反左右用法相同。

265. 童子拍掌

抬左腳移於右腳外側一步，使兩腿成插步，同時兩手拍擊兩大腿外側。兩腿微蹲，目視前方（見圖337）。

右腳向右移一步，兩腿屈膝成馬步，兩手同時向內屈肘環抱於胸前，掌心向內，目視前方（見圖338）。

【實用】：用法同七路288～289圖。

266. 翻身仆地綿

上動不停，震右腳，然後雙腳起跳，向右翻身（180度）落成左仆步，右手向左抓，然後屈肘變拳，抱於腰側，拳心向上，同時左掌向前猛推，目視左手（見圖339）。

上動不停，再向左轉身跳步（體左轉180度）落成左仆步，左手向左前方推出，掌心向前，右手向產前猛抓，然後變拳抱於腰側，目視左手（見圖340）。

圖 339　　　　　　　　　　圖 340

【實用】：用法同五路 242 圖。

267. 大鵬展翅

接上動作，體向右轉 90 度，抬右腳向前跳一步，左腳向後倒踢，右手向後拍擊左腳底部（響亮），同時左手成插花掌向前上方穿出，目視左手（見圖 341）。

【實用】：用法同一路 51 圖。

268. 擊掌擺蓮

左腳落右腳前一步，抬左腳向前從外向內擺彈，同時出雙手向前由右向左拍擊右腳，目視右腳（見圖 342）。

【實用】：用法同一路 53 圖，左右用法相同。

269. 鴻門射雁

文圖同一路 27 勢。

270. 織女耍剪

文圖同一路 28 勢。

少林貞秋大師曰：

「九路看家寺裡傳，留在關卡守寺院，

　　使出九宮連環腿，好似野外無人煙，

圖 341

圖 342

連環踢腿無阻擋，中者不死也傷殘，

蹦縱跳躍如閃電，九道關卡神威顯。」

第十路　埋伏掌

271. 霸王舉鼎

文圖同一路 1 勢。

272. 雙手托塔

文圖同一路 2 勢。

273. 上步玉柱

文圖同二路 31 勢。

274. 仙人指路

兩腳不動，兩掌變拳，在胸

圖 343

前環弧，左拳向左沖出，拳心

向下，右拳屈肘向左抖拳，目視左拳（見圖 343）。

【實用】：敵來擊我胸腹，我一手上挑敵來勢，護住我

前胸，另一掌或拳猛向敵人肋間穿擊，使敵受傷敗陣；亦可

先用手上挑護住上身,再用
另一手突然穿擊對方胸部,
使敵防而不備,重傷倒地。

275. 震腳沖拳

震右腳,抬左腳向左跨
一步,體左轉 90 度成左弓
步,右手向右撩掌,然後變
拳,向右沖擊,拳心向下,
同時左手向前抓摟,然後變
拳,屈肘抱於腰側,目視右
拳(見圖 344)。

圖 344

【實用】:用法同一路
8 圖。

276. 燕子啄食

左腳不動,右拳變掌,
向前抓摟,然後變拳抱於腰
間,同時抬右腳向前彈踢
(見圖 345)。

右腳落左腳前一步,左
腳向左前方上一步,體右轉

圖 345

90 度,成左弓步,兩拳變掌,同時向兩側展出,掌心向
外,目視前方(見圖 346)。

【實用】:用法同三路 113 圖和四路 209 圖。

277. 大鵬斜飛

體左轉 90 度,抬右腳向前踮一步,成右弓步,兩手在
胸前環弧,然後同時向身前、後展出,右手在前,左手在

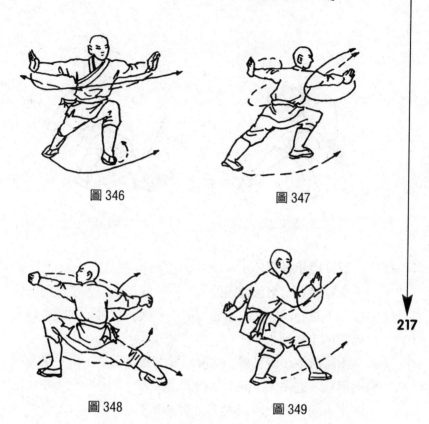

圖 346

圖 347

圖 348

圖 349

後，兩掌心向外，目視右手（見圖347）。

抬雙腳向前跳一步，左腳在前，成左弓步，兩掌隨身在胸前環弧，然後同時向前推出，目視兩掌（見圖348）。

【實用】：用法同四路209圖和三路148圖。

278. 虛步揚掌

上右腳成右虛步，右手屈肘揚掌，掌心向前，左手變勾手後甩，兩腿微蹲，目視右手（見圖349）。

【實用】：同三路169圖。

圖 350

圖 351

279. 虛步推掌

右腳踏實，抬左腳向前上一步，成左虛步，左手向前屈肘推出，掌心向右，右手屈肘前揚，護於左肘，兩腿半蹲，目視左掌（見圖 350）。

兩腳碾地，體右轉 180 度，變左腳為虛步，兩手隨身回胸前環弧，右手由下向上架於頭上後方，掌心向上，左掌由上向下、向後甩成後勾手（見圖 351）。

【實用】：用法同二路 91 圖和一路 57 圖。

280. 八步趕鑣

文圖同一路 20 勢。

【實用】：用法同一路 40～41 圖。

281. 二起燕斜飛

兩腳起跳，抬右腳向前彈踢，當全身騰空時，右手拍擊右腳面（見圖 352）。

接上動作，右腳落左腳前成右弓步，兩手由胸前環弧，然後同時向身前、後展出，右手在前，左手在後，目視右掌

圖 352　　　　　　　　　　　圖 353

（見圖 353）。

【實用】：用法同一路 27 勢和 49 圖。

282. 燕子啄食

上動不停，體左轉 90 度，右腿屈膝全蹲，左腿伸直成左仆步，雙手按於右腳兩旁，連拍地二次（響亮），目視左方（見圖 354）。

【實用】：用法同五路 225 圖。

283. 弓步沖拳

起身，兩腳碾地，體左轉 90 度，兩腿成左弓步，兩掌變拳，右拳向前沖擊，拳心向下，左拳抱於腰間，目視右拳（見圖 355）。

【實用】：用法同一路 8 圖。

圖 354

圖355　　　　　　　圖356

220

284. 張果老切瓜

左腿後退一步，兩腳碾地，體左轉180度，左腿屈膝成左弓步，兩拳變掌，左掌向前穿出，掌心向上，右掌由上向下砸擊左手掌，目視兩手（見圖356）。

【實用】：用法同七路278圖。虛步、弓步用法相同。

285. 弓步雙插掌

以兩腳為軸，體向右轉180度，左腳向前上成左弓步，兩手向前十字手推出，兩掌心向前，目視兩掌（見圖357）。

【實用】：用法同三路148圖。

286. 弓步沖拳

兩腳向前跳一大步，左腳落右腳前成左弓步，兩掌變

圖357

圖358　　　　　　圖359　　　　　　圖360

拳，右拳向前沖擊，拳心向下，左拳屈肘抱於腰側，目視右拳（見圖358）。

【實用】：用法同一路8圖。

287. 旋風騎馬式

抬右腳前上一步，兩腳起跳，向左轉180度，抬右腳左彈擺，當全身騰空時，出左手拍擊右腳掌內側（見圖359）。

右腳向後落一步，體右轉90度，兩腿落地成馬步，兩掌由胸前向前方合掌，目視前方（見圖360）。

【實用】：用法同一路43圖至44圖。

288. 烏龍翻江

抬右腳成左腳併步，右手由下向上架於頭上前方，掌心向上，左掌屈肘由外向右穿掌，落於胸前下方，目視前方（見圖361）。

抬右腳向右跨一步，兩腳碾地，體右轉90度，抬左腳向前上一步，屈膝成左虛步，向前推左掌，收右掌，變拳抱

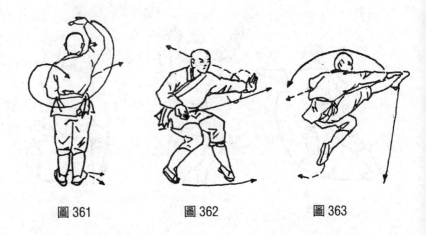

圖 361　　　　　　圖 362　　　　　　圖 363

於腰間（見圖 362）。

【實用】：用法參照二路 86 圖和五路 242 圖，左右用法相同。

289. 燕子斜飛

文圖同本路 283 勢。

290. 織女耍剪

文圖同本路 285 勢。

291. 八步趕鑱

文圖同一路 20 勢。

292. 二起卡倉

兩腳起跳，抬右腳向前彈踢，當全身騰空時，出右手拍擊右腳面（見圖 363）。

右腳落於左腳前一步，震右腳，體左轉 180 度，使兩腿變成左弓步，左手向前搶出，右手屈肘向前砍切左掌，目視左手（見圖 364）。

【實用】：震腳卡倉一般用於敵向我擊來時，我用手向

圖 364 圖 365

下一拍，撥開敵勢，震腳貼近敵方身旁，一手托住敵人後腰，一掌卡擠敵人小腹或胸膛，使敵重傷敗陣；再如我用二起飛腳踢敵人時，如果敵方後腿躲過，我迅速落前腳並震腳，急出兩掌卡進敵人腹部，使敵敗陣。是亦攻亦防的招法。此招用法還可參考四路 187 圖和六路 261 圖及一路 42 至 43 圖。

293. 關公勒馬

右腳前上一步，兩腳起跳，震腳，體左轉 90 度，然後屈膝成左仆步，左掌向左側推掌，右手向前抓，然後變拳，屈肘抱於腰側，目視左掌（見圖 365）。

【實用】：用法同一路 27 勢及一路 19 圖。

294. 擊掌擺蓮

文圖同九路 274 勢。

295. 鴻門射雁

文圖同一路 27 勢。

296. 織女耍剪

文圖同一路 28 勢。

少林貞緒大師曰：

「看家十路埋伏掌，把守關卡敵難闖，
寺內弟子打不出，外來高士也能擋，
弟子若還打不出，回來苦練跪青香，
高士若還被拿住，剃頭削髮當和尚，
名震天下第一剎，戒規森嚴立禪堂，
大乘勝地禪宗庭，千秋萬代美名揚。」

少林還俗僧素法曰：

「十路拳法祖師傳，埋伏掌招勢勢玄，
上邊挑打下邊穿，護防偷襲難看見，
上邊迷手下巧抓，抓起敵人扔一邊，
二起卡倉急連環，強敵敗陣一溜煙。」

第十一路　仆地沙

297. 霸王舉鼎

文圖同一路 1 勢。

298. 雙手托塔

文圖同二路 21 勢。

299. 開山斧

體稍向右轉，抬右腳提膝，兩掌變拳，同時向前沖擊，然後屈肘亮於胸兩側，左拳心向內，右拳心向上，目視左側（見圖 366）。

【實用】：用法同七路 283 圖。

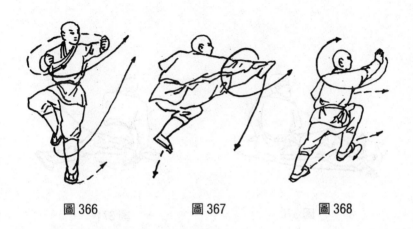

圖 366　　　　　圖 367　　　　　圖 368

300. 跳步二起腳

右腳踏實，雙足跳起，體左轉 180
度，右腳向前彈踢，當全身騰空時，出
右手拍擊右腳面（見圖 367）。

【實用】：用法同一路 42 圖。

301. 青龍鬧海

接上動作，兩腳落成右弓步，右手
向前推，左手端於腰側（見圖 368）。

上動不停，左腳前上一步，體右轉
90 度，抬左腳落於右腳前成虛步，右

圖 369

手由下向上架於頭上右側，掌心向上，左手向後甩成勾手，
兩腿微蹲，目視左側（見圖 369）。

【實用】：用法同十路 374 圖、二路 61 圖，兩臂可伸
直或屈肘；還可參考一路 57 圖用法。

302. 臥地剪

兩腳不動，體右轉 180 度，兩手按於右腳前外側，兩腳

225

圖 370   圖 371

同時向左臥跳，由左向右彈翻，落成右側伏地插腿式，目視兩腳（見圖370）。

【實用】：敵欲逃跑，我急行八步趕鑽用二起腳踢敵胸，用掌打擊敵頭，敵再向後退我落地仆步抓沙一把，猛撒敵人臉上，迷住敵雙目，向敵人盤放下狐狸剪夾倒對方；如果遇強敵凶猛有力，我無力硬碰時，也可就地取沙土迷封敵眼，趁機放剪勝敵。可以連環使用。

少林祖月武僧曰：

「祖傳仆地抓土沙，對準對手迎面撒，

　　一切危險都破解，敗中取勝一抵倆，

　　強手縱有千般勇，迷目難分真和假，

　　下邊使出狐狸剪，戰勝對手真瀟灑。」

303. 仆地掃

兩手不動，兩腳由左向右彈跳成右仆步，再以左腿為軸，伸右腿向前向左向右掃半圈（見圖371）。

圖372

圖373

304. 馬步側推掌

接上動作，起身，兩腿變為馬步，兩手回胸前環抓，然後向兩側推出，兩掌心向外。目視前方（見圖372）。

【實用】：用法同二路73圖和三路147圖。

305. 水打車輪轉

兩腳碾地，體左轉90度，左掌由前向後掄，右拳以肩關節為軸，由後向上再向前掄臂前沖，左拳以左肩關節為軸，由後向上再向前掄臂一周，然後收回腰間，右拳前沖，目視前方（見圖373）。

【實用】：用法同三路121圖第一動作。

306. 連環抓踢

右腳向前上一步，兩拳變掌向前抓，然後變掌，屈肘抱於腰側，同時左腳向前彈踢（見圖374）。

右拳變掌向前抓，然後變拳屈肘抱於腰側，同時抬右腳向前彈踢，左拳向前沖擊，掌心向下，目視左拳（見圖375）。

227

圖 374　　　　　　　　圖 375

圖 376　　　　　　　　圖 377

依上法再彈左腳，沖右拳（見圖 376）。

【實用】：用法同三路 68 勢 113 圖。

307. 弓步推掌

接上動作，左腳落於右腳前一步，震腳後變成左弓步，兩拳變掌，左掌向前卡推，右手屈肘護於左臂內側，目視左手（見圖 377）。

圖378　　　　　圖379　　　　　圖380

【實用】：敵人用拳或掌向我打來，我弓步進身一手托敵肘尖，一手抓敵手腕，兩手夾住相互一擠，敵肘即骨折或脫臼，使敵人投降敗陣。

少林祖欽武僧曰：

　　「使開搬攔琵琶手，拿住強敵手和肘，
　　　兩臂用力只一擠，強敵骨折掉手肘，
　　　小小技藝用處大，高手壯士都犯愁，
　　　十一道上守關卡，戰敗強敵樂心頭。」

308. 三沖手捶

弓步不變，兩掌變拳出右拳向前沖擊，左拳護於右腕間（見圖378）。

再沖左拳，右拳護左臂內側（見圖379）。

再沖右拳，左拳護於右腕間，目視兩拳（見圖380）。

【實用】：敵抓我手腕，我用向後一抹迫敵放手，接著用我脫出之手變拳向敵人擊去，敵如來抓或架開時，我另一拳又奔敵人擊去，來回交替、收回、擊出數次、使敵難防，

圖381   圖382

不得還手直至敗陣脫逃。

少林淳錦武僧曰：

「窩裡炮從懷中發，直奔敵人前心打，

　一捶擊去連三下，對方心意亂如麻，

　眨眼之間重擊著，四肢朝天躺地下，

　軟弱之徒吃敗仗，成名高士也害怕。」

309. 擊掌擺蓮

震右腳，同時向前上一步，體左轉 90 度，右腿屈膝成右低勢弓步，兩手在胸前向左側推出，掌心向左，目視左側（見圖381）。

上動不停，抬右腳向左彈擺，體左轉 90 度，同時出左手向前拍擊右腳，目視兩手（見圖382）。

【實用】：用法同一路 19 圖和 53 圖，左右用法一樣。

310. 關公勒馬

右腳不落地，向右轉身跳步，落地後，震右腳，使兩腿成右低勢弓步，兩手同時向前抓，然後左掌向左掠，右手屈

圖 383　　　　　　　　圖 384

肘後縮掌變拳，抱於腰側，目視左掌（見圖 383）。

311. 震腳架打

體左轉 90 度，右腳向前一步，震腳與左腳成併步，兩手回胸前環弧，右掌向前方崩打，掌心向下，左掌由下向上架於頭上前方，兩腿半蹲，目視右掌（見圖 384）。

【實用】：用法同五路 235 圖。

312. 陣破三關

抬右腳向前彈踢，同時左手向右撩掌，掌心向後，右手護於胸前下方，目視後方（見圖 385）。

右腳落於左側後側一步，以左腳為軸，體向右轉90 度，抬左腿向左側提膝，同時兩手拳抱於腰側（見圖 386）。

圖 385

圖 386   圖 387

左腳落於右腳內側一步，以左腳為軸，體左轉 90 度，抬右腳向前彈踢，右手向前推出，左掌立於胸前，目視前方（見圖 387）。

【實用】：用法同九路 328 圖至 330 圖，左右踢法一樣。

313. 大鵬展翅

接上動作，右腳落左腳前方一步，左腳上前一大步，屈膝成左弓步，兩手在胸前環弧後變拳，向身前後沖出，目視左拳（見圖 388）。

【實用】：用法同二路 59 圖。

314. 三響二起

兩腳碾地，體右轉 180 度，抬左腳提膝，右拳屈肘上沖，左拳變掌向右橫推，目視前方（見圖 389）。

左腳不落地，抬右腳向前彈踢，當全身騰空時，出右手拍擊右腳面（見圖 390）。

【實用】：用法同九路 332 至 333 圖。

圖 388　　　　　　　　　圖 389

233

圖 390　　　　　　　　　圖 391

315. 旋風騎馬勢

　　右腳落於左腳前方，體右轉 90 度，兩腳起跳，抬右腳隨身（轉體 360 度）向左彈擺，當全身騰空時，出左手拍擊右腳掌內側（見圖 391）。

　　右腳落於左腳右側一步，兩腿成馬步，兩手向兩側推出，目視前方（見圖 392）。

　　【實用】：用法同一路 43、44 圖。

圖 392　　　　　圖 393　　　　　圖 394

316. 鑽地捶

震右腳，體右轉180度，使兩腿成馬步，兩掌變拳，在胸前環弧，右拳由上向下身右後栽擊，拳心向右，左拳屈肘，拳頭落於左胸側，拳心向裡，目視前方（見圖393）。

【實用】：用我足踏敵人腳尖，再用捶栽擊敵小腹和膝蓋，使敵受傷；再如敵向我打來，我一手架敵來勢，一腳踏敵足尖，一捶栽擊敵腹部，擊敗對方，是攻防結合的招法。

少林清倫武僧曰：

「恨步栽捶擊下盤，直奔敵腹膝蓋間，

　下踏敵足力要狠，重擊對方骨折斷，

　先師傳下驚人藝，苦苦把守十一關，

　內外武士闖關卡，不受重傷也犯難。」

317. 提腿沖天炮

上動不停，收右腿提膝，兩手回胸前環弧，左拳由下向上屈肘上沖，拳心向內，右掌向右護右肋，目視前方（見圖394）。

圖 395　　　圖 396　　　圖 397

【實用】：用法同三路 173 圖。

318. 童子打虎

右腳落地震腳，體左轉 90 度，左腿提膝，兩手在胸前環弧，左拳屈肘護於胸前，拳心向內，右手變拳向前揣擊，拳心向內，目視右拳（見圖 395）。

【實用】：用法同八路 309 圖。

319. 倒踢劈掌

左腳落地，右腳向後倒踢，右拳變掌，由下向上架於頭上右側，然後左手向後拍右腳底（見圖 396）。

右腳落於左腳前一步，成右弓步，兩掌變拳，向前方沖擊，目視兩拳（見圖 397）。

【實用】：前掌撥敵手，後掌劈敵耳部，如敵來擊我，用一手劈開敵手，另一掌直劈太陽穴，一連兩掌，一開一劈，雙掌齊發，左右一樣，前弓步劈擊力量更大。

少林貞秋大師曰：

「連環劈掌上下翻，左右雙掌劈迎面，

前開後劈齊進攻，敵想還手比登天，

速戰速決急妙迅，一陣擊敵亂逃竄，

少林傳下看家藝，歷代弟子苦修練。」

320. 擊掌擺蓮

文圖同一路 274 勢。

321. 鴻門射雁

文圖同一路 27 勢。

322. 織女耍剪

文圖同一路 28 勢。

少林貞方武僧曰：

「第十一路撲地沙，鎮守關卡苦練它，

上邊進招不取勝，撲倒地下抓土沙，

投向對方一撒手，敵人迷目無妙法，

將在智而不在勇，足智多謀是名家。」

少林還俗僧素法曰：

「能力不在大和小，臨時懷中取眞寶，

任你強手多勇猛，難免在我手中倒，

雖然賴漢敗中勝，硬碰不敵土沙找，

好似濟公降魔妖，巧使妙計世間少。」

第十二路　擒敵歸山門

323. 霸王舉鼎

文圖同一路 1 勢。

324. 雙手托塔

文圖同一路 2 勢。

圖 398

圖 399

325. 上步玉柱

文圖同二路 31 勢。

326. 關公勒馬

抬右腳向右移一步，成左仆步，左掌向左推出，右掌握拳，抱於右側，拳心向上，目視左拳（見圖 398）。

【實用】：同三路 176 圖用法。

327. 彈腿雙劈

上動不停，起身，抬右腳向左踮跳一步，左腳落右腳前一步，體左轉 90 度，抬左腳向前彈踢，兩手由前向左撩劈，目視兩手（見圖 399）。

【實用】：敵在前邊向我攻來，我雙手抓敵向身後甩擊，抬腿向敵猛踢，或者用掌劈，手腳配合攻擊敵人。

328. 弓步掠掌

左腳落右腳前一步，使兩腳成左弓步，兩手由左向右掠，目視左側（見圖 400）。

【實用】：用法參照三路 157 圖。

237

圖 400

圖 401

329. 馬步側推掌

上動不停，兩腳碾地，體右轉 90 度，使兩腿成馬步，兩手向兩側同時推出，掌心向外，目視前方（見圖 401）。

【實用】：用法同三路 158 圖。

330. 大虎抱頭

上動不停，左腳後退一步，左腿屈膝，使右腿成右弓

圖 402

步，右掌變拳，由下向上架於頭上前方，左掌向右撩，護於右腋外側，目視右側（見圖 402）。

【實用】：用法同三路 145 圖。

331. 前掃腿

體左轉 90 度，移右腿伸直成仆步，右拳變掌按右腳前下方，抬右腿由後往前反掃一周，目視右側（見圖 403）。

圖 403

圖 404

239

【實用】：用法同一路
73 圖。

332. 併步上沖拳

接上動作，兩手由胸前同
時向兩側推出，掌心向外，震
右腳與左腳成併步，同時兩掌
變拳，右拳由下向上直臂上
沖，拳心向內，左掌由左向右
橫擊，掌心向外，兩腿半蹲，
目視右側（見圖 404）。

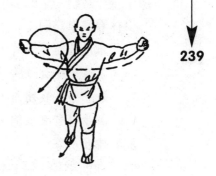

圖 405

【實用】：用法同二路 58 圖。

333. 雄鷹展翅

上動不停，向左翻身（體左轉 180 度）跳步，轉身後兩
腿變成左縱弓步，兩拳向兩側擊出，拳心向前，目視前方
（見圖 405）。

【實用】：敵從身後攻來，我身體一轉，用單臂一掃，

圖 406 圖 407 圖 408

下邊用腿拌敵腿，敵即倒地，前後用法一樣。

少林看家拳譜曰：

「雄鷹展翅貫兩肩，雙臂一揮威力展，

下邊單腿拌敵腳，將身一抖力無邊，

敵手若入我圈內，迎面跌在地平川，

調步斜行搬敵倒，看家招法有效驗。」

334. 虛步亮掌

右腳向前半步，體右轉 90 度，使兩腿成麒麟步，同時左掌向前屈肘推出，右手屈肘向前下方撩，兩腿微蹲，目視左掌（見圖 406）。

【實用】：用法同二路 60 圖。

335. 上步兩推掌

右腳向前上半步，變成右弓步，左手向右撩掌，然後屈肘端於腰側，右掌向前推出，掌心向前（見圖 407）。

左腳向前上一步，成左弓步，右手向右撩掌，然後端於腰側，左掌向前推出（見圖 408）。

圖 409　　　　　　　　　　圖 410

【實用】：用法同二路 61 至 62 圖。

336. 臥地打虎

上動不停，抬右腳向前彈踢，出右手，向前拍擊右腳面，左手向後上方撩，目視右手（見圖 409）。

右腳落於左腳前一步，成右弓步，兩掌回胸前環弧，右掌由上向前下撩擊，左掌變拳由下向上，架於頭上前方，拳心向前，目視右掌（見圖 410）。

【實用】：單拍腳用法參照一路 49 圖，與二起腳的用法基本相同；弓步臥地打虎式的用法是：敵向我攻來，我一手上架敵手，另一拳直擊敵腹部或襠部，是防攻結合的招法。

少林淳密法師講：

「臥地打虎力量添，上架敵手開雲端，

　　上步狠踢敵人腹，近身單捶擊襠前，

　　敵人若中我的手，腹陰疼痛叫連天，

　　擒敵歸山打虎捶，流芳嵩山少林院。」

圖 411　　　　　　　　　　圖 412

337. 張果老切瓜

左腳向前上一步，左腿屈膝成左弓步，左掌向前竄出，掌心向上，右掌由上向前下方砍劈左掌。目視兩手（見圖 411）。

【實用】：用法同十路 356 圖。

338. 關公勒馬

兩腳起跳，體左轉 90 度，轉身後震右腳，右腿屈膝，左腿伸直成左仆步，兩手回胸前環弧，左手由胸前向左側推出，右掌變拳屈肘抱於腰間，目視左掌（見圖 412）。

【實用】：用法同五路 242 圖。

339. 擊掌擺蓮

文圖同九路 274 勢。

340. 麒麟亮勢

文圖同五路 162 勢。

341. 併步架打

文圖同九路 244 勢。

圖 413

圖 414

342. 提膝推掌

兩腳碾地，體右轉 90
度，抬左腳提膝，兩手回胸前
環弧，右掌由右前方推出，左
掌屈肘亮於胸前，目視右掌
（見圖 413）。

【實用】：用法同十一路
366 圖。

343. 燕子啄食

圖 415

左腳落於右腳前，成左虛步，左手向前拍擊左腳，右手
向後甩成勾手（見圖 414）。

【實用】：用法同九路 335 圖。

344. 轉身三推掌

右腳後退一步，使兩腿成左弓步，右掌向前推出，掌心
向前，左掌變拳抱於腰側（見圖 415）。

兩腳起跳，體向右轉 180 度，兩腿落成右弓步，右手由

圖 416   圖 417

胸前向前推出，左拳端於腰左側（見圖 416）。

兩腿起跳，體左轉 180 度，兩腿落成左弓步，左拳變掌向前推出，掌心向前，右手屈肘護於左腋內側，目視左手（見圖 417）。

【實用】：敵人從兩側來攻，我即左右兼顧，先擊前邊，再回身推擊後面來敵，左右轉動又防又攻，連貫不停，拳掌用法一樣。

少林寂勤武僧曰：

「敵人雙戰來進攻，左右對敵快如風，

這邊捶去敵人倒，轉身又向那邊沖，

左左右右封閉緊，前前後後不透風，

任他四周都是敵，將身轉動拳不空。」

345. 馬步沖拳

兩腳碾地，體右轉 90 度，兩腿屈膝成馬步，兩手變拳，右拳由外向內攔，左拳向左側沖擊（見圖 418）。

兩腳起跳，向右翻身（體右轉 180 度）跳步，轉身後使

圖 418

圖 419

圖 420

兩腳落成左弓步，右拳由右向左砸擊
左前臂，目視右拳（見圖 419）。

【實用】：用法同三路 127 圖和
四路 199 圖。

346.跳步虎抱頭

雙腳起跳，體左轉 90 度，轉身
後震右腳，移左腳使兩腿屈膝成馬
步，兩手同時向左側推出，掌心向
外，目視左側（見圖 420）。

圖 421

上動不停，抬右腿提膝，右手由
下向上架於頭上右側，左手向右屈肘護胸，目視左側（見圖
421）。

【實用】：用法同四路 200 圖。

347.前掃腿

文圖同 338 勢。

圖 422 　　　　　　圖 423

348. 掃風掌

上動不停，右腳前落一步，使兩腿成左仆步，左掌由右向左撩掃，右掌變拳，抱於腰側，目視左側（見圖 422）。

【實用】：用法同一路 19 圖。

349. 一化挎虎

起身，體右轉 60 度，上左腳成虛步，右手架於頭上前方，左手向後成勾手，目視前方（見圖 423）。

【實用】：用法同五路 220 圖。

350. 提膝沖拳

左腳向後退一步，體左轉 90度，抬右腿提膝，左掌在胸前環弧後向左側繃出，右拳屈肘抱胸前，目視左側（見圖 424）。

【實用】：用法同八路 310圖。

圖 424

圖 425

圖 426

351. 八步趕鑱

文圖同一路 20 勢。

352. 二起旋風腳

兩腳同時起跳，抬右腳向前彈，當全身騰空時，出右手拍擊右腳面（見圖 425）。

右腳落於左腳外側，兩腳同時起跳，抬右腳向左轉身（360 度）彈擺，當全身騰空時，出左手向右拍擊右腳掌內側，右手向右側撩出，目視右掌（見圖 426）。

圖 427

【實用】：用法同一路 42 至 43 圖。

353. 燕子戲水

右腳下落震腳，抬左腳向後跳踢，兩手回胸前環弧，右手向後下方拍擊左腳底，左手由下向上架於頭上，掌心向上，目視右側（見圖 427）。

上動不停，左腳落右腳後一步，兩腳碾地，體左轉180度，變成左弓步，兩手變拳，回胸前環弧，左拳向前直沖，拳心向下，右拳由下向上架於頭上右側，目視左拳（見圖428）。

【實用】：用法同一路51圖、三路154圖。

354. 關公勒馬

文圖同本路327勢。

355. 擊掌擺蓮

文圖同九路274勢。

356. 鴻門射雁

文圖同一路27勢。

圖428

357. 織女耍剪

文圖同一路28勢。

少林子安高僧曰：

「擒敵歸山十二拳，看守關門護寺院，
　外邊弟子作惡果，雲遊出外拿凶犯，
　生擒惡徒回山門，戒規清律治理嚴，
　輕者跪香燃眉毛，重者殘廢活命難，
　名冠武林首北斗，哪容狂徒胡作亂，
　為國為民除害蟲，培育國家棟樑漢。」

第十三路　守院捶

358. 霸王舉鼎

文圖同一路第1勢。

圖 429

圖 430

359. 雙手托塔

文圖同一路第 2 勢。

360. 上步玉柱

文圖同二路 11 勢。

361. 併步沖拳

收右腳震腳，使兩腿成併步，兩掌變拳，左拳向左側沖擊，拳心向下，右拳屈肘，向左橫擊，目視左拳（見圖429）。

【實用】：用法同十路 343 圖。

362. 左右開路

體左轉 90 度，兩腳向前跳一步，抬左腳向左側彈踢，兩拳抱於腰間，目視左側，（見圖 430）。

【實用】：向側方橫彈跳，如果敵人離我遠，或被我擊退時，我雙足跳起向敵彈踢，把敵趕跑或踢倒，是側邊進擊法。左右用法相同。

圖431

圖432

少林看家拳譜曰：

「左右側邊跳踢彈，不怕強手閃得遠，

你會後退我踢彈，左右開路如閃電，

連扒帶踢只一陣，強敵逃跑一溜煙，

連環橫端使得好，十三關上保平安。」

363. 弓步架打捶

左腳落地，體右轉180度，左腳上一步成左弓步，同時出左掌向前沖擊，拳心向下，右拳由下向上畫弧，上架頭上右側，目視左拳（見圖431）。

【**實用**】：用法同三路154圖。

364. 猛虎跳澗

兩腳起跳，體向右轉180度，落地後，震右腳，使兩腿成右弓步，兩拳同時變掌，掌向前撩出，左掌屈肘端於腰側，目視右掌（見圖432）。

【**實用**】：用法同十一路368圖。

圖 433

圖 434

365. 左右三推掌

接上動作，左腳向前上一步，成左弓步，出左掌向前推出，右掌向前屈肘護左上臂內側（見圖 433）。

依上法再上右弓步推右掌（見圖 434）。

【實用】：用法同二路 61～62 圖。

圖 435

366. 二起踩腳

左腳向前上一步，抬右腳向前騰踢，當全身騰空時，右手拍擊右腳，左拳屈肘抱於腰間，目視右手（見圖 435）。

【實用】：用法同一路 42 圖。

367.武松斷臂

右腳向前上一步，兩腳碾地，體左轉 180 度，上左腳成左弓步，右拳向前砸去，左拳向前屈肘護抱右肘，使兩手成

圖 436 　　　　　　　　圖 437

前捶拳勢，目視兩手（見圖 436）。

【實用】：用法同四路 199 圖。

368. 麒麟亮勢

收左腳變為虛步，兩拳變掌，左掌屈肘向前推出，右手端於腰間，兩腿微蹲，目視左手（見圖 437）。

【實用】：用法同五路 232 圖。

369. 雙手推窗

左腳踏實，兩腳碾地，體右轉 180 度，左腳向前上一步，使兩腿成左弓步，兩掌同時由兩側向前推出，目視兩手（見圖 438）。

兩腳碾地，體右轉 180 度，兩腿變成右弓步，右掌與左掌由兩側向前推出，目視兩手（見圖 439）。

【實用】：用法同三路 131、132 圖。

370. 兩打猛虎

接上動作，抬左腳向前上步成左弓步，兩掌變拳，左拳由下向上架於頭上前方，右拳向前沖擊，拳心向下，目視右

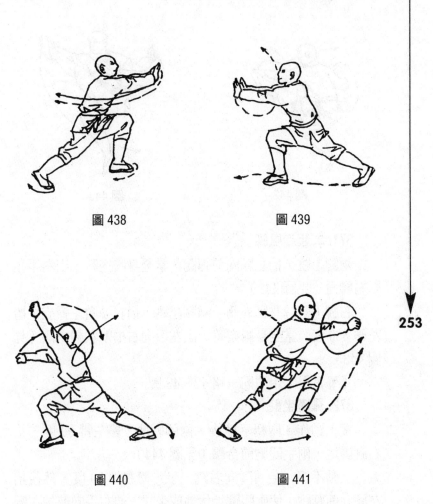

圖 438　　　　　　　圖 439

圖 440　　　　　　　圖 441

拳（見圖 440）。

　　上動不停，兩腳碾地，體右轉 180 度，上左腳成左弓步，兩拳在胸前環弧，右拳向前沖擊，掌心向外，左拳向下向上抱於腰間，拳心向裡，目視右拳（見圖 441）。

　　【實用】：用法同三路 154 圖。

圖 442

圖 443

371. 二起旋風腳

兩腳起跳，抬右腳向前彈踢，當全身騰空時，出右手拍擊右腳面（見圖 442）。

右腳下落於左腳外側，兩腳起跳，抬右腳向左彈旋，體左轉 360 度，當全身騰空時，出左手向右拍擊右腳內側（見圖 443）。

【實用】：用法同一路 42、43 圖。

372. 羅漢坐氈

接上動作，兩腿落地後，兩腳碾地，體左轉 90 度，抬右腳震地，兩手回胸前合擊（見圖 444）。

上動不停，抬右腳向右跳一步，體右轉 90 度，然後抬左腳向前踮跳，使兩腿躍步伏地成坐式，伸右手向前拍左腳尖，左手向後甩成勾手，目視右手（見圖 445）。

【實用】：實戰中，一手抓敵陰，一手變拳砸擊敵人小腹，如砸不倒可以坐地取土沙，前後撒擊迷敵眼目，使敵心慌意亂敗陣失利。

圖 444　　　　　　　　　　圖 445

少林看家拳譜曰：

「羅漢坐氈對歹徒，抓住敵陰不能放，

一捶擊進敵小腹，對方受傷跌當場，

如果敵多圍攻我，抓起土沙揚八方，

使開看家地躺法，群敵四散逃他鄉。」

373. 二起旋風腳

文圖同一路 25 勢。

374. 飛擺蓮

文圖同一路 26 勢。

375. 鴻門射雁

文圖同一路 27 勢。

376. 震腳踮步坐山

起身，兩腳碾地，體向左轉 90 度，抬右腳與左腳併步，震右腳，同時左掌向左橫推，右掌向左側屈肘橫推（見圖 446）。

圖 446

上動不停，抬右腳向左踮跳一步，兩腿落成馬步，同時兩掌變拳，右拳在胸前環弧，然後，向右上架於頭上前方。拳心向前，左掌由右上方向下栽於左膝蓋上方，拳心向後，目視前方，並發了「呵」的暴喝（見圖447）。

圖447

377. 織女耍剪

文圖同一路28勢。

收　勢

收右腳向內與左腳成併步，兩拳變掌，以左右肩關節為軸，由前向後向前畫弧，然後下按，兩臂下垂，兩掌貼兩大腿外側，掌心向下，掌指向前，身胸挺直，目視前方（圖同一路預備勢）。

少林還俗僧素法曰：

「少林看家福居傳，傳至如今上千年，
今日幸好傳於世，祖師含笑在九泉，
炎黃子孫強身體，少林真功傳萬年。」

256

少林還俗僧素法簡介

素法、字清靈，1925 年 1 月生，俗姓徐，名祗法，字子靈，係山東省郯城縣城關鎮鄭城後村人。

素法自幼多病，身體虛弱，為健體防身對抗疾病，跟仁伯馬希貢先生習武。經馬先生介紹在 1936 年 4 月到少林寺出家為僧，拜貞秋為師，賜法名素法，學習少林功法。又經貞緒、貞俊二師的培育和熱心指教，學習了拳術、兵器及醫藥知識，得少林秘傳。

以後戰亂還俗，仍熱心武術事業，四處求師習藝，曾向如靜、貞方、馬金標、王子平、佟中義、盧松高、蔡桂勤、郭慶方、沙寶玉、宋德聚、何秀奎、徐敏武、郭明堂、吳秀峰、陳發科等武術前輩求師進藝，學習了少林、太極、查拳、八極、五合、剪掛、金剛、華拳、炮捶、撥鐮、戳腳、螳螂、彈腿等各派武術，精心研練，銳意苦修，並在業餘時間，義務教武幾十年，為發揚少林武術，授徒上萬次。

257

還不遠千里重拜山門，來少林寺和高僧素喜、德禪、行政、皈依弟子德虔、德炎等挖掘整理並出版了《少林武術入門》、《少林武術》（七冊）、《少林寺醫秘集錦》、《少林拳法真傳》、《少林武術要略》、《少林十八般兵器》、《少林點穴法》、《少林看家拳》等武術書籍，並擔任過嵩山少林青少年武校、少林寺專業武校總教練，教習了全國各地來少林學習的學員們。

他還曾不遠萬里去大西北新疆、甘肅、河南、陝西、以

及江蘇、山東、安徽、貴州、浙江、廣東、湖北、河北、遼
寧、吉林、黑龍江等省市地區、縣城、鄉村、部隊、廠礦、
學校機關，幫助、指導人們學習武術，傳授少林功法。他還
被特邀為北京大學中國武術氣功學會特邀教練，和西安市嵩
山少林習武會名譽會長，首界少林杯武術散打擂臺賽大會組
委會委員，並任少林寺拳譜編委會、嵩山少拳法研究會的顧
問。為發揚少林武術的挖掘整理做出了可觀的貢獻。

德虔武師簡介

　　德虔，生於 1942 年，俗姓王，號「長青」，幼名「省印」，字「松柏」，係河南省登封縣大金店鄉王上村人。

　　德虔自幼習武，後拜嵩山少林寺第三十世著名武僧素喜大和尚為師，賜法名德虔。

　　近幾年來，德虔遵照國家體委的武術工作方針，在素喜師父的關懷下，把少林寺珍藏的武術資料整理編寫成冊。

　　已出版的有：《少林氣功》、《少林擒拿法》、《少林武術入門》、《少林武術》（四至七冊）、《少林醫秘集錦》、《少林拳法真傳》、《少林十八般兵器》、《少林看家拳》和《少林點穴法》等書，為發展少林武術有著極大的貢獻。

　　德虔武師現任河南省登封縣武術協會副秘書長，少林寺少林拳研究會副會長兼秘書長，少林寺拳譜編寫委員會總編，北京大學武術氣功學會技術顧問等職。

大展出版社有限公司
品冠文化出版社

圖書目錄

地址：台北市北投區(石牌)　　　電話：(02) 28236031
　　　致遠一路二段 12 巷 1 號　　　　　　 28236033
郵撥：01669551＜大展＞　　　　　　　　 28233123
　　　19346241＜品冠＞　　　　傳真：(02) 28272069

1.	脂肪肝四季飲食	蕭守貴著	200 元
2.	高血壓四季飲食	秦玖剛著	200 元
3.	慢性腎炎四季飲食	魏從強著	200 元
4.	高脂血症四季飲食	薛輝著	200 元
5.	慢性胃炎四季飲食	馬秉祥著	200 元
6.	糖尿病四季飲食	王耀獻著	200 元
7.	癌症四季飲食	李忠著	200 元

・彩色圖解保健・品冠編號 64

1.	瘦身	主婦之友社	300 元
2.	腰痛	主婦之友社	300 元
3.	肩膀痠痛	主婦之友社	300 元
4.	腰、膝、腳的疼痛	主婦之友社	300 元
5.	壓力、精神疲勞	主婦之友社	300 元
6.	眼睛疲勞、視力減退	主婦之友社	300 元

・心 想 事 成・品冠編號 65

1.	魔法愛情點心	結城莫拉著	120 元
2.	可愛手工飾品	結城莫拉著	120 元
3.	可愛打扮 & 髮型	結城莫拉著	120 元
4.	撲克牌算命	結城莫拉著	120 元

・熱 門 新 知・品冠編號 67

1.	圖解基因與 DNA	（精）	中原英臣 主編	230 元
2.	圖解人體的神奇	（精）	米山公啟 主編	230 元
3.	圖解腦與心的構造	（精）	永田和哉 主編	230 元
4.	圖解科學的神奇	（精）	鳥海光弘 主編	230 元
5.	圖解數學的神奇	（精）	柳谷晃 著	250 元
6.	圖解基因操作	（精）	海老原充 主編	230 元
7.	圖解後基因組	（精）	才園哲人 著	

・法律專欄連載・大展編號 58

台大法學院　　　法律學系／策劃
　　　　　　　　　法律服務社／編著

1.	別讓您的權利睡著了(1)	200 元
2.	別讓您的權利睡著了(2)	200 元

・武 術 特 輯・大展編號 10

1.	陳式太極拳入門	馮志強編著	180 元

46. <珍貴本>陳式太極拳精選　　　馮志強著　280元
47. 武當趙保太極拳小架　　　　鄭悟清傳授　250元
48. 太極拳習練知識問答　　　　邱丕相主編　220元
49. 八法拳 八法槍　　　　　　　武世俊著　220元

・彩色圖解太極武術・大展編號 102

1. 太極功夫扇　　　　　　　　李德印編著　220元
2. 武當太極劍　　　　　　　　李德印編著　220元
3. 楊式太極劍　　　　　　　　李德印編著　220元
4. 楊式太極刀　　　　　　　　王志遠著　220元

・名師出高徒・大展編號 111

1. 武術基本功與基本動作　　　劉玉萍編著　200元
2. 長拳入門與精進　　　　　　吳彬　等著　220元
3. 劍術刀術入門與精進　　　　楊柏龍等著　220元
4. 棍術、槍術入門與精進　　　邱丕相編著　220元
5. 南拳入門與精進　　　　　　朱瑞琪編著　220元
6. 散手入門與精進　　　　　　張　山等著　220元
7. 太極拳入門與精進　　　　　李德印編著　280元
8. 太極推手入門與精進　　　　田金龍編著　220元

・實用武術技擊・大展編號 112

1. 實用自衛拳法　　　　　　　溫佐惠　著　250元
2. 搏擊術精選　　　　　　　　陳清山等著　220元
3. 秘傳防身絕技　　　　　　　程崑彬　著　230元
4. 振藩截拳道入門　　　　　　陳琦平　著　220元
5. 實用擒拿法　　　　　　　　韓建中　著　220元
6. 擒拿反擒拿88法　　　　　　韓建中　著　250元
7. 武當秘門技擊術入門篇　　　高　翔　著　250元
8. 武當秘門技擊術絕技篇　　　高　翔　著　250元

・中國武術規定套路・大展編號 113

1. 螳螂拳　　　　　　　　　　中國武術系列　300元
2. 劈掛拳　　　　　　　　　　規定套路編寫組　300元
3. 八極拳　　　　　　　　　　國家體育總局　250元

・中華傳統武術・大展編號 114

1. 中華古今兵械圖考　　　　　裴錫榮　主編　280元
2. 武當劍　　　　　　　　　　陳湘陵　編著　200元

3. 梁派八卦掌（老八掌）　　　　李子鳴 遺著　220 元
4. 少林 72 藝與武當 36 功　　　裴錫榮 主編　230 元
5. 三十六把擒拿　　　　　　佐藤金兵衛 主編　200 元
6. 武當太極拳與盤手 20 法　　　裴錫榮 主編　220 元

・少 林 功 夫・大展編號 115

1. 少林打擂秘訣　　　　　　德虔、素法 編著　300 元
2. 少林三大名拳 炮拳、大洪拳、六合拳　門惠豐 等著　200 元
3. 少林三絕 氣功、點穴、擒拿　　德虔 編著　300 元
4. 少林怪兵器秘傳　　　　　　素法 等著　250 元
5. 少林護身暗器秘傳　　　　　素法 等著　220 元
6. 少林金剛硬氣功　　　　　　楊維 編著　250 元
7. 少林棍法大全　　　　　德虔、素法 編著

・原地太極拳系列・大展編號 11

1. 原地綜合太極拳 24 式　　　胡啟賢創編　220 元
2. 原地活步太極拳 42 式　　　胡啟賢創編　200 元
3. 原地簡化太極拳 24 式　　　胡啟賢創編　200 元
4. 原地太極拳 12 式　　　　　胡啟賢創編　200 元
5. 原地青少年太極拳 22 式　　胡啟賢創編　200 元

・道 學 文 化・大展編號 12

1. 道在養生：道教長壽術　　　　郝勤 等著　250 元
2. 龍虎丹道：道教內丹術　　　　　郝勤 著　300 元
3. 天上人間：道教神仙譜系　　　黃德海著　250 元
4. 步罡踏斗：道教祭禮儀典　　　張澤洪著　250 元
5. 道醫窺秘：道教醫學康復術　　王慶餘等著　250 元
6. 勸善成仙：道教生命倫理　　　　李 剛著　250 元
7. 洞天福地：道教宮觀勝境　　　沙銘壽著　250 元
8. 青詞碧簫：道教文學藝術　　　楊光文等著　250 元
9. 沈博絕麗：道教格言精粹　　　朱耕發等著　250 元

・易 學 智 慧・大展編號 122

1. 易學與管理　　　　　　　余敦康主編　250 元
2. 易學與養生　　　　　　　劉長林等著　300 元
3. 易學與美學　　　　　　　劉綱紀等著　300 元
4. 易學與科技　　　　　　　董光壁著　280 元
5. 易學與建築　　　　　　　韓增祿著　280 元
6. 易學源流　　　　　　　　鄭萬耕著　280 元
7. 易學的思維　　　　　　　傅雲龍等著　250 元

| 8. 周易與易圖 | 李　申著 | 250元 |
| 9. 中國佛教與周易 | 王仲堯著 | 元 |

·神 算 大 師·大展編號 123

1. 劉伯溫神算兵法	應　涵編著	280元
2. 姜太公神算兵法	應　涵編著	280元
3. 鬼谷子神算兵法	應　涵編著	280元
4. 諸葛亮神算兵法	應　涵編著	280元

·秘傳占卜系列·大展編號 14

1. 手相術	淺野八郎著	180元
2. 人相術	淺野八郎著	180元
3. 西洋占星術	淺野八郎著	180元
4. 中國神奇占卜	淺野八郎著	150元
5. 夢判斷	淺野八郎著	150元
6. 前世、來世占卜	淺野八郎著	150元
7. 法國式血型學	淺野八郎著	150元
8. 靈感、符咒學	淺野八郎著	150元
9. 紙牌占卜術	淺野八郎著	150元
10. ESP 超能力占卜	淺野八郎著	150元
11. 猶太數的秘術	淺野八郎著	150元
12. 新心理測驗	淺野八郎著	160元
13. 塔羅牌預言秘法	淺野八郎著	200元

·趣味心理講座·大展編號 15

1. 性格測驗（1） 探索男與女	淺野八郎著	140元
2. 性格測驗（2） 透視人心奧秘	淺野八郎著	140元
3. 性格測驗（3） 發現陌生的自己	淺野八郎著	140元
4. 性格測驗（4） 發現你的真面目	淺野八郎著	140元
5. 性格測驗（5） 讓你們吃驚	淺野八郎著	140元
6. 性格測驗（6） 洞穿心理盲點	淺野八郎著	140元
7. 性格測驗（7） 探索對方心理	淺野八郎著	140元
8. 性格測驗（8） 由吃認識自己	淺野八郎著	160元
9. 性格測驗（9） 戀愛知多少	淺野八郎著	160元
10. 性格測驗（10）由裝扮瞭解人心	淺野八郎著	160元
11. 性格測驗（11）敲開內心玄機	淺野八郎著	140元
12. 性格測驗（12）透視你的未來	淺野八郎著	160元
13. 血型與你的一生	淺野八郎著	160元
14. 趣味推理遊戲	淺野八郎著	160元
15. 行為語言解析	淺野八郎著	160元

・青春天地・大展編號 17

·健 康 天 地·大展編號 18

・實用女性學講座・ 大展編號 19

・校園系列・ 大展編號 20

國家圖書館出版品預行編目資料

少林看家拳／素法　德虔　編著
——初版，——臺北市，大展，2003〔民 92〕
面；21 公分，——（少林功夫；8）
ISBN 957-468-254-4（平裝）
1. 少林拳
528.97　　　　　　　　　　　　92015078

少林看家拳

ISBN 957-468-254-4

編 著 者／素法　德虔
責任編輯／秦 德 斌
發 行 人／蔡 森 明
出 版 者／大展出版社有限公司
社　　址／台北市北投區（石牌）致遠一路 2 段 12 巷 1 號
電　　話／（02）28236031・28236033・28233123
傳　　眞／（02）28272069
郵政劃撥／01669551
網　　址／www.dah-jaan.com.tw
E-mail／dah_jaan@pchome.com.tw
登 記 證／局版臺業字第 2171 號
承 印 者／國順文具印刷行
裝　　訂／協億印製廠股份有限公司
排 版 者／弘益電腦排版有限公司
初版 1 刷／2003 年（民 92 年）11 月

定　價／250 元

大展好書　好書大展
品嘗好書　冠群可期

大展好書　好書大展
品嘗好書　冠群可期